长发其祥

人丁兴旺

百年长拳

黄柏超　刘承源　王佳京　等／著

江西教育出版社
JIANGXI EDUCATION PUBLISHING HOUSE
·南昌·

赣版权登字-02-2023-144

图书在版编目（CIP）数据

百年长举 / 黄柏超, 刘承源, 王佳京等 / 著. —— 南昌：
江西教育出版社，2023.9
 ISBN 978-7-5705-3560-6

Ⅰ.①百… Ⅱ.①黄… ②刘… ③王… Ⅲ.①乡村 –
文化史 – 寻乌县 Ⅳ.①K295.65

中国国家版本馆CIP数据核字（2023）第006658号

百年长举
BAINIAN CHANGJU

黄柏超 刘承源 王佳京 等 / 著

江西教育出版社出版
（南昌市学府大道299号 邮编：330038）

出 品 人：熊 炽
责任编辑：田 远 樊 令
封面设计：上尚设计
版式设计：光亚平工作室

各地新华书店经销
江西雅致印务有限公司印刷
880毫米×1230毫米　 32开本　 8.875印张　 191千字
2023年9月第1版　 2023年9月第1次印刷

ISBN 978-7-5705-3560-6
定价：68.00元

序一：因为我们是寻乌的主人

刘承源

我们行走在田野上，我们跋涉于文献中。

迎着飞旋的黄叶和冬日的阳光，我们在历史中穿行。

从高楼大厦间寻找五显庙的痕迹，在建筑工地上辨识明清官道的模样。透过崭新的瓷砖和油漆，我们努力想象都督第原来的颜色。徜徉于古老的祠堂内，仔细记录藻井和柱石的纹样。我们在崇山峻岭中探访观音庵遗址，从茅草荆棘间寻觅行密和尚墓葬。

去福慧寺拓印残碑，于都督第清洗石刻。我们仔细阅读谱牒家乘，一一誊录契约文书；向行家耆老询问掌故，从古籍文献寻找史料；借村委会和父老乡亲促膝长谈，谒福慧寺与瑞德上人围炉夜话。

我们采集山歌童谣、民间故事，记录群众体育、儿童游戏；探秘传统会社的性质，揭橥族规家训的价值；留意农耕技艺、工商行规，关注四时八节、婚庆丧葬。

我们从万历《开封府志》寻觅龚宽的宦迹，借康熙《江南通志》考证黄天栋的职官。我们激赏龚汝键家贫能教子，崇敬黄汤铭年高而德劭。我们认为黄天栋之可贵在忠贞勇敢、知恩图报，黄兆贞之感人因言行合一、以身许国。

迎着飞旋的黄叶和冬日的阳光，我们走出历史，驻足眺望。峰峦绵延，河流蜿蜒，田畴庐舍，晚风炊烟，我们忍不住热泪盈眶。

这是我们的寻乌，我们的家乡。

我们期待民俗传统能得到尊重，文化遗产被小心珍藏。

我们希望祠堂不再被拆除，宗族意识能继续传承，人民还有繁衍生息、传宗接代的愿望。

我们希望寺院文化能得以保存，民众依然有行善积德的信仰，佛教能发挥劝善规过、敦亲睦邻的力量。

我们希望城乡天堑消失，知识精英告老还乡，士农工商都爱护自己的家乡。

我们为成绩欢呼，为挫折叹息。我们在传承历史，我们在建设未来。我们不敢辜负时代，因为我们是寻乌的主人。

序二：传承历史文化　坚定文化自信

张政

习近平总书记在党的十九大报告中指出："文化自信是一个国家、一个民族发展中更基本、更深沉、更持久的力量。"自此，全国各地将振兴文化事业提高到了更高的层次。坚定文化自信，必须充分发掘优秀的历史文化传统，促进乡土文物、文献及非物质文化遗产的保护与利用，举凡民间传统文学、音乐、舞蹈、戏剧、曲艺、杂技、竞技、体育、游艺、美术、医药、民俗、民歌、仪式、方言、技艺、工艺等等，都在调查与收集之列，进而推进乡村文化课题的研究，利用文化资源为地方经济社会服务。

一、项目缘起

寻乌县地处赣南革命老区，经济文化发展相对落后，当前脱贫攻坚工作虽然结束了，但是乡村振兴工作依然任重道远。长期以来，县内对乡村文化的关注和研究力度稍显薄弱，从官方到民间，从专业人士到业余爱好者，无人对寻乌的人文历史进行系统地梳理。为满足社会各界人士对传统文化的需求，2017 年初，由刘承源、王佳京等人发起成立寻乌县历史文化研究会，旨在弘扬寻乌县优秀历史文化传统，为坚定民族及地方文化自信起到积极作用。几年来，研究会按照先近后远的原则，先从明清两朝历史文献入手，先后整理出版了《江西珍稀地方文献丛刊·寻乌卷》《寻邬文献丛刊》（1957 年，经国务院批准，寻邬县改为寻乌县。本书以此为分界线，在此之前称"寻邬"，在此之后称"寻乌"）等书，但由于经费短缺，至今还有许多已经成稿的文献资料未能继续出版。

在梳理文献的过程中，研究会同仁发现，各乡镇文物古迹、祠堂、庙宇、碑刻、族谱、契约文书等文物、文献，因重视程度不够，加之年久保存不慎，随时面临湮灭的风险。出于对古文献、文物抢救急迫性的认识，王佳京等人不辞辛劳，自费进行田野调查，足迹覆盖全县，拍摄老旧族谱 30 余部、碑刻 70 多方、契约文书 300 多份。通过尽心尽力抢救文献，一部又一部本来以为不复存在的文献陆续被发现，经及时誊录和出版，始为世人所知。尽管如此，由于近代社会的持续动荡与战火的无情洗劫，有些文献已经永远无法展现在人们的眼前了，如嘉庆年间寻邬籍举人凌人凤的诗稿因为没能及时抢救已遭毁灭。参与者在整理故旧文献这一文化苦旅中的艰辛和执着，不为图任何名利，只为自觉进行一项真正意义上的"存亡续绝"工程。

在文献整理工作的基础和成果上，为深入弘扬和继承乡村优秀历史文化，使其更好地古为今用，同时帮助更多的人了解寻乌县历史文化，2020年11月，寻乌县历史文化研究会联合寻乌县文化馆《文化寻乌》编辑部，在文峰乡长举村村委会、都督第管委会、高山福慧寺等单位、组织和团体的支持下，筹得资金五万余元，选择长举村作为试点，深入挖掘村内文献、文物和非物质文化遗产，并进行筛选、整理和研究，最后汇编为《百年长举》出版发行。与此同时，研究会还根据调查结果，向有关部门提出保护和建设长举村历史文化资源的意见，切切实实地为寻乌文化事业作出贡献。

二、长举村文化现状

长举村，位于寻乌县城北部2.5公里处，现为文峰乡所辖。辖区面积达6.98平方公里，有22个村民小组。这里山色秀丽，民风淳朴，位置优越，历史悠久。早在南宋孝宗乾道年间，已有龚氏先人在此安家落户，尔后有黄氏、刘氏、丘氏、曹氏、谢氏、骆氏、何氏、曾氏等宗族于此繁衍生息。旧时长举村族规整肃，民风淳朴，有"仁里"之美称。20世纪60年代，寻乌县在这里兴建园艺场，栽下第一批柑橘，自此，柑橘产业成为后来农民致富奔小康的希望所在和县域经济发展最具潜力的增长点。这是寻乌柑橘产业的起点，也是长举村历史的重要阶段。

目前在长举村内，有福慧寺、霞光庙二处宗教场所，有清代建筑黄氏都督第，民国建筑龚氏宗祠、邱氏宗祠、谢氏宗祠、刘氏宗祠，另外还有清代观音庵遗址一处，已发现雍正七年（1729）重修高山庵祖师行密和尚墓葬一处，雍正高山庵残碑一方、道光都督第碑刻二方。拍摄到民国二年（1913）《骆氏族谱》一册、民国九年（1920）《黄氏族谱》抄件一册、民国三十五年（1946）长举埠子《刘氏族谱》五卷、1996 年 12 月《龚氏族谱》一册、2017 年 10 月《曹氏族谱》六册，道光至民国三十七年（1948）契约文书四十六份。非物质文化遗产部分以霞光庙会最为突出，历史人物有清初高山庵创始人行密和尚、广东南澳总兵黄天栋、民国黄埔军校中校教官黄石等等，其中行密和尚与黄天栋较有传奇色彩，或与名士吴之章、笪重光有交集。可以说，长举村的历史资料还是相对丰富的，但村里至今未设村史馆，甚至各姓氏宗祠以及福慧寺、霞光庙内也没有人文历史展陈，丰富的非物质文化遗产更是长期处于沉睡之中。

2017 年，由于城市建设需要，长举村实施大规模拆迁，涉及全村 70% 居民，不少自然村和屋场已经消失。在城镇化浪潮的冲击下，村民分散迁徙，各自生活在不同的环境当中，彼此之间越发陌生，村落已经蜕变为一个黯淡的符号。聚族而居、耕田耕山的传统农村生态已经被彻底打破，物质的和非物质的历史遗存正在快速消失，以宗族和村落为纽带的民间组织与民间文化面临前所未有的挑战。如长举这种因城市建设而经历拆迁重建的村庄，各种问题和矛盾更为突出。

以黄氏都督第为例，门楼内侧刻有祠堂条规，族谱里记录有族范族训，族中知名人物除了黄天栋，还有乾隆嘉庆年间的赣州府城守营总司黄文煊、羊角营都司黄见龙、江西抚标左营千总黄景芳，到了近代有黄埔军校中校兵器教官黄石，现代有黄振泉等，而这些在宗祠里已统统看不见了。居住地分散了，大家各奔前程，老房子没有了，但历史文化应当保存。有感于此，乡村文化的发掘、保护与重建应是迫在眉睫的重任，其对于推进乡村治理，构建和谐社区，肯定是有帮助的。文史工作者的研究若落到实处，在抢救历史文化遗产的同时，帮助村民建立起可持续的保护模式，活化和利用好历史资源，重塑新时代下的精神纽带，岂不功德无量？《百年长举》项目，就是因应这种形势而实施的。

三、项目的组织与实施

《百年长举》是寻乌县历史文化研究会统筹策划的文化项目，主要以自然区域与人文地理意义上的长举村为调查范围，将村域范围内的文物、文献与非物质文化遗产用文字、图片和影像的方式加以记录和保存，并邀请《文化寻乌》《寻乌诗词》的部分作者团体创作文学作品，最后择优将这些调查报告、研究文章、文学作品编纂成帙，为寻乌县民间文化调查研究树立先行榜样，为后来者提供经验。

借鉴考古工作挖探方的方式，选择一个村落全面调查其文物、文献与非物质文化遗产，这是刘承源会长很早就有的设想。但实施长举村历史文化调查，编纂《百年长举》，则是刘会长在2020年11月3日游览晨光镇河角村仙人寨城堡遗址及观音宫之后才坚定起来的想法。选择长举村作为试点并非偶然，一则长举村地处城乡结合部，位置优越，历史悠久，在县内较具典型性；二则考虑到长举村刚刚经历拆迁征地，若干年后或将成为城中村，若不及时开展文化调查、促进传统保护、开发特色旅游，其文化遗产恐怕就永久消失了；三则村里有一批关注和支持乡土文化事业的有志之士，可以提供各种帮助。实地走访过程中，感受到的众多村民的热烈期待，更加坚定了编组成员的责任心和使命感。

本次编纂，分为五个阶段开展：一、项目策划推动阶段；二、与都督第管委会、村委会对接阶段；三、历史组田野调查文献收集阶段和文学组采风阶段；四、文献阅读整理阶段；五、创作阶段。

整体工作分为两个方面：一是圈定范围，对长举都督第、圳头龚氏祠堂、谢屋谢氏祠堂、罗岗头霞光庙、高山福慧寺等进行田野调查，带目的下村，带问题下村，收集查阅黄氏、龚氏、刘氏、邱氏、谢氏及其他五代以上聚族而居的宗族族谱，梳理各姓氏来源及迁入年代与繁衍世系，最终由王佳京执笔形成《长举村历史文化遗存状况调查报告》。该报告详细介绍了长举村的历史沿革、行政区划（隶属、辖区、毗邻）、地理环境（位置、毗邻、面积、山水、气候）、资源、人口（姓氏）、经济、交通等村情信息，以及文物、文献和非物质文化遗产等方面的遗存状况，内容丰富，详实可信。文物、文献和非物质文化遗产是历史文化的重要组成部分，其中文献最为重要，刘承源、林雨生等人的课题研究，通过对文献、文物和非物质文化遗产等人文历史遗存展开描述，内涵广泛，包含名胜古迹、历史人物、地方特产等方方面面，填补了长举村历史记载的很多空白，有助于村民系统了解村情，从而更好地传承和弘扬优秀的民间历史文化。

二是艺文创作，研究会组织县内文学爱好者现场采风，阅读文献、实地参观之后自由创作。以此为基础，发动文友撰写旧体诗、现代诗、楹联、散文、小说以及民间故事传说等艺文，配以书法作品和摄影作品，反映长举村的人文历史风貌。通过实地走访、认真查阅长举村历史文化资料，寻找亮点，捕捉灵感，激发热情，每一个创作者都获益良多，精彩的散文和诗歌一挥而就。如寻乌女作家卢美娟的长篇散文《在福慧寺的一日》，细腻间见厚重，一改其先前唯美轻松的文风，人文情怀跃然纸上，堪称近年来寻乌县散文创作的一座高峰。王秋招的散文《记忆中的儿童游戏和竞技》，以其自身阅历，历数记忆中的十几种农村体育竞技和儿童游戏，唤醒儿时记忆，温馨而亲切。旧时儿童游戏，也就是非遗目录中的体育竞技部分，其文献意义难以估量。

四、项目的意义及影响

文化遗产承载着一个民族的文化基因，折射着一个民族的精神特质。保护历史文化遗产，有助于增进文化认同、增强文化自信。从历史层面看，保护历史文化遗产就是记录和传承文明发展史，以史鉴今；从社会发展层面看，保护历史文化遗产可以为爱国主义和革命传统教育提供基本素材，继往开来，为发扬优秀传统文化和实现民族复兴提供有力支撑；从经济层面看，对历史文化遗产良好地保护与利用，在扩大对外交流、发展文化旅游等方面发挥着积极的促进作用。

由于长举村的人口、经济、文化在县内都不甚突出，很难单独做村史、族史研究，《百年长举》的出版发行，则能分担一部分村志、族史的功能，并为将来有可能编纂的《长举村志》提供信实的文献资料和参考依据，同时也为文峰乡、长宁镇，以及县里的史志及宣传部门，提供了村情介绍的基础。

经过这次挖掘，我们发现村内有些历史文化资源，如都督第、霞光庙、福慧寺是可以直接用于宣传或陈展的，为讲好长举村的故事奠定基础。特别是都督第，是县里的文物保护单位，处于城乡结合部，有望成为旅游观光景点，为长举村文化事业的持续经营找出一条路来。

这次编纂，文献方面最大的收获是黄永光先生所藏光绪及民国年间的三份分关书，这些文书最大的价值在于能够与《寻邬调查》有关"祖宗地主""神道地主"的记载相互印证。同一村庄里会社竟然多达五六十种，这种情况前所未见，因此也引起省内外不少学者的关注，预计不久就会有相关研究成果出炉。

长举村内有着很多既有地方特色，又有历史文化意义，且能促进乡村振兴工作的可申请非遗的项目，如黄氏宗族家风家训、民间文学、体育竞技、民间音乐（婚丧喜庆庙会等仪式上演奏，北厢八音乐队）、霞光庙会习俗（九月二十八）、舞龙（有布龙、香火龙）、传统米果制作工艺（克洛粄、老蟹子、米成、灰水粄、老鼠粄、仙人粄、苎叶粄等）、民间"搬惊风"治病方法、端午节煮鲜草药药浴习俗、道教觋公科仪（如斩煞等）、婚庆礼仪、祭祖仪式及主持文读语音节奏、行岗暗语手势等等，项目多种多样。其中黄氏宗族家风家训已引起有关单位的关注，计划收入《寻乌古代家训与清官》一书。寻乌县非遗工作，可以多选定几个像长举这样的村庄作为试点，结合文化扶贫、乡村振兴政策给予倾斜。

《百年长举》效仿考古学者打探方的方式，选定长举这个村落，一层层揭下去，挖掘一切文献、文物和非物质文化遗产，然后筛选、整理，撰写调查报告和研究文章，有着存史资政价值。同时，通过该项目的实施，可以为寻乌文化事业的持续发展培养、锻炼人才，建立起一支技术全面的文史研究队伍。这种做法在寻乌县是第一次，无疑是有标志性意义的，是寻乌文化事业的一次创举。

《百年长举》的出版，有利于保护和发掘长举村的优秀传统文化，丰富寻乌县文化内涵，增强寻乌县文化的影响力和凝聚力。相信《百年长举》能够引发研究寻乌乡土文化的新浪潮，对坚定寻乌的文化自信，增强寻乌的文化自觉起到积极的推动作用。

《百年长举》分为调查研究、历史名人、民俗物产、艺文创作等几个板块，该项目最大的意义在于示范性，为今后做同类工作积累经验。县内像长举这样的行政村有170多个，几乎每个村庄、每个旅游景点都不清楚自身的历史，县志、乡镇志、专门志都留有大片的空白，村志尚未起步，家族史仅仅完成一部。这些空白，在未来的日子里需要很多人力去填补。宋代横渠先生张载有言："为天地立心，为生民立命，为往圣继绝学，为万世开太平。"我们没有这样的雄心壮志，但也不能辜负世世代代寻乌先民为我们留下的物质与精神财富，应肩负责任把它们从历史的残垣断壁及时光的尘埃中发掘出来，发扬光大。

五、打造"历史文化专辑"系列项目

目前,"寻乌县历史文化·长举村的前世今生"已申报 2021 年度赣州市社科项目。该项目结束后,寻乌县历史文化研究会还将选择适当时机,继续对其他村镇的文物、文献和非遗文化开展调查,不断收集和整理民间文献资料,汇总形成"寻乌县历史文化专辑"系列项目,使之成为一个文化品牌长期做下去。在系列项目的实践中,首先,要为县域经济社会发展服务,尤其是为旅游业发展服务;其次,要注意收集谱牒、碑刻、契约文书等民间文献,集腋成裘,为寻乌文化事业的发展奠定文献基础;最后,筹集必要资金,实现良性循环,使知识和智慧具有长效价值。只有可长期持续,才能作出更大的贡献,唤醒当代人对历史文化的重新关注,以此打通历史隔膜,激发创作热情,进而实现今与昔的文化对接。唯奠基于一代代的传承,才可能引燃一拨拨的创造。改变寻乌县的文化生态和文化进程,实现弯道超车,需要一大帮人共同努力,需要全社会的支持。用寺庵里常见的签语来说就是:"劝君莫作等闲看!"

目录

后记

第一章

调查研究

长举村历史沿革小考

林雨生

　　长举村毗邻寻乌城区，包含围里、岸岭、塘背、下屋、竹园、埠子、圳头、矮塘、瑶坑、澄坑等自然村。自南宋初年龚氏迁入并肇基圳头，长举村迄今已有约 850 年历史。建置沿革为地方历史发展的主要脉络，然因旧时都图里甲资料多已散佚，厢堡区划演变过程已难以知晓。笔者尝试依据手头资料，并结合本次调查搜集的诸种文献对长举村的历史沿革进行简单梳理。

宋以前

　　长举地区古属扬州，乃百越之地，春秋战国时期先后为吴、越、楚所属。

　　秦兼并天下后置三十六郡，长举地区属九江郡。

　　汉高祖六年（前 201）建雩都县，长举地区属雩都。

　　南朝梁大同十年（544），分雩都县南三乡地始置安远县，长举地区属安远。

隋开皇年间（581—600）废安远县，其地并入雩都，长举地区属雩都。

唐贞元四年（788），分雩都县南三乡地复置安远县，长举地区仍属安远。

宋

南宋乾道年间（1165—1173），龚培从福建邵武府光泽县徙居安远县，创建圳头龚屋，为长举建村之始。（按：据各姓谱牒记载，龚氏为现今长举居民中最先迁入的姓氏）

元

至元二十四年（1287）安远并入会昌，长举属会昌。

至大二年（1309），复置安远县，长举仍属安远。

明

元末明初，黄才盛由兴国辗转至瑶下湾后创建长举黄屋，刘正文从瑞金迁入长举并创建埠子刘屋。

安远旧有五坊二十六堡，长举原属西水乡石溪堡。万历四年（1576），割安远县西水乡石溪、劳田、石痕、腰古等四堡，东水乡水源、三标、桂岭、大墩、寻邬、滋溪、项山等七堡，以及南水乡的南桥、八付、双桥、黄乡等四堡，共计一十五堡设立长宁县，县治设于长举以南之马蹄冈。建县后原石痕堡改作东厢，劳田堡改作南厢和西厢，石溪堡改作北厢。全县共设四厢十二堡，长举隶属北厢。

嘉靖《赣州府志》

清

清初，长宁县四厢并为二厢，以旧石痕堡、石溪堡为东北厢，长举属之，后复为四厢，长举仍属北厢。

康熙《赣州府志》

康熙年间，侯南弼、侯元臣兄弟从双桥堡留车圩迁入长举并创建埠子侯屋。雍正年间，曹愈隆从西厢田背迁入长举并创建矮塘曹屋。乾隆年间，邱禹元从南厢图合迁入长举并创建圳头邱屋，谢仲灵从南厢东秀围迁入长举并创建鸭子墩谢屋，骆四贤、骆四杰兄弟从城南骆家庄迁入长举并创建圳头骆屋。其余各姓亦多为清代迁入。

据县志记载，长宁县"设兴仁、兴让二都，厢四，堡十二。丁粮统之二都，烟户属之厢堡"。咸丰十一年（1861）《长宁县志》记载当时北厢领有六村：罗坝、骆屋围、东团、圳头、长溪尾、长举。光绪二十五年（1899）《长宁县志》则记载北厢共有九村：长举、圳头、新寨、上寨、上坝、东团、长溪尾、罗坝、骆屋围。其中长举、圳头均属现今长举村。

乾隆《长宁县志》

虽然县志明确记载了各厢堡所领村庄，但对于与征收田赋紧密相关的都甲信息却语焉不详。长举黄氏契约文书记录了围里兴杰公后裔的经济活动，其中也保留了部分长举税户的信息。例如，同治二年（1863）黄生福售旱地与黄梅春契约，光绪十三年（1887）黄科清售田与黄琼林和黄桂祥契约等均记有"北厢长举一都一甲黄才盛户"；同治某年黄明安售房与黄科顺、黄梅林契约记有"北厢长举二都一甲黄加盛户"；光绪十八年（1892）瑶坑何世祥出售禾田给黄兴杰名下契约记有"北厢瑶坑一都九甲何有宝户"。

宣统年间，因清廷推行城镇乡地方自治，长宁县改四厢十二堡为七区。四厢地附城郭，并为城区，长举属之。

民国

民国三年（1914），北洋政府内务部改定各省重复县名，长宁县改称寻邬县，长举隶属如故。

民国十九年（1930）五月，全县第一次工农兵大会决议成立寻邬县苏维埃政府，全县划分为 7 个区。县内先后建立了各区、乡苏维埃政府，其中一区为城关区，长举属之。

民国二十年（1931）一月，根据闽粤赣苏区特支东江西北分委的指示，成立蕉平寻苏区，初设三蕉铺、新平尺、石坝东长、光留篁、吉澄寻等 5 个行政区，长举属吉澄寻区。后又改设为寻城、篁乡、留车、吉潭、大柘、八尺、平城、坝头、蕉城、新铺等区，长举地区属寻城区。1931 年冬，蕉平寻苏区相继失陷。此后革命形势几经变化，至 1933 年底，寻邬苏区基本失守。

民国二十五年（1936），县以下设区、联保、保、甲。全县改划为 4 个区，分区设署，第一区办公处设县城，长举属之。

民国二十七年（1938），第一区分设河岭乡，剩下的地区称寻邬镇，长举属寻邬镇。据长举黄氏契约文书记载，长举地区为镇属第九保。

民国三十五年（1946），重新划定行政区，全县共分 17 个乡（镇），原寻邬镇改称石溪镇，长举属之。区划调整于次年公布执行。

中华人民共和国成立后

1949 年 8 月寻邬解放，在建立县级机构的同时成立了各区人民政府，全县共划分为城关、神光、留车、南桥、吉潭、澄江、三标等 7 个区及 59 个行政村，长举属城关区。

1950 年 2 月，进行第 1 次行政区划调整，在原区划的基础上调整为 7 个区 63 个乡，行政村改称乡人民政府（区未变动）。其中长举乡包括长溪、圳头、长举、新寨等 4 个自然村，仍属城关区。

1951 年 1 月，进行第 2 次行政区划调整。经调整后全县共有 7 个区 72 个乡，原有区依次编序命名，城关区改称第一区，长举地区属之。

1953 年，进行第 3 次行政区划调整，区人民政府改称区公所，取消排序称谓。调整后的城关区包含长举、岗背、营子、黄圳、南厢、东厢、长岭、新罗、东团、田背、土合、鹅坪、上坪、上四甲等 14 个乡和 1 个城关镇。

1956 年 3 月至 6 月，进行第 4 次行政区划调整，撤销了南桥区公所，其所辖各乡分别划归城关、留车、吉潭各区。城关区缩减5个乡，原长举、新罗、东团3个乡合并为北厢乡。

1957年，经国务院批准，寻邬县改名为寻乌县，长举地区隶属如故。

1958年8月中旬开始，县内掀起人民公社化运动，全县先后建立14个人民公社。为便于管理，同年9月将原来的14个人民公社调整为城关、神光、留车、岑峰、南桥、吉潭、澄江、罗塘、三标等9个人民公社和1个桂竹帽垦殖场。长举地区成立长举大队，隶属城关人民公社。

1964年，新组建城郊人民公社，长举大队属之。

1966年6月，拨划长举大队山林土地成立寻乌县果树林场。

1969年，县果树林场改称县"五七"果树林场，并将长举大队划入。

1978年，县"五七"果树林场改称寻乌县园艺场。

1984年，撤销公社（场）、镇管理委员会，改建乡、镇人民政府。文峰人民公社更名为文峰乡，长举大队改称长举村并由文峰乡领辖。

1997年4月，长举村划入长宁镇。

2000年1月，长举村复属文峰乡。

2020年6月，县民政局发布公示，长举村拟由文峰乡划入长宁镇。

参阅资料

（1）〔清〕董正修、〔清〕刘定京等纂（乾隆）《安远县志》，《中国方志丛书》，成文出版社，1989 年。

（2）〔明〕康河修、〔明〕董天锡纂（嘉靖）《赣州府志》，《天一阁藏明代方志选刊》影印本，上海古籍书店，1962 年。

（3）〔清〕黄汝铨等修、〔清〕张尚瑗纂《赣州府志》，康熙五十二年刻本，中国国家图书馆藏。

（4）〔清〕沈涛修、〔清〕沈大中等纂（乾隆十四年）《长宁县志》，《中国方志丛书》，成文出版社，1989 年。

（5）南京图书馆编（咸丰十一年）《长宁县志》，《南京图书馆藏稀见方志丛刊》影印本第 122—123 册，国家图书馆出版社，2012 年。

（6）〔清〕金福保、梅奇萼修，钟材权等纂（光绪二十五年）《长宁县志》，《上海图书馆藏稀见方志丛刊》影印本第 133—135 册，国家图书馆出版社，2011 年。

（7）〔清〕王衍曾、〔清〕程祖蔚主修《长宁县志辑注》，刘承源、凌天明辑注，《寻邬文献丛刊》，江西人民出版社，2019 年。

（8）谢竹铭、刘淑士：《民国乡土教材三种》，刘松、王佳京、刘承源整理，《寻邬文献丛刊》，江西人民出版社，2019 年。

（9）江西省寻乌县志编纂委员会编《寻乌县志》，新华出版社，1996 年。

（10）寻乌县情调查组编《中国国情丛书——百县市经济社会调查：寻乌卷》，中国大百科全书出版社，1996 年。

（11）中共梅县地委、赣州地委、蕉岭平远寻乌县委党史办公室编《东江革命根据地蕉平寻苏区史料汇编》（内部资料），1987 年。

（12）寻乌县筹庆国庆十周年办公室编《寻乌县解放十周年大事纪要》（内部资料），1959年。

（13）寻乌县地名办公室编印《江西省寻乌县地名志》（内部资料），1985年。

（14）中共寻乌县委党史工作办公室编《寻乌人民革命史》（内部资料），2000年。

（15）文峰乡志编撰组编《续文峰乡志》（内部资料），2002年。

（16）长宁镇志编撰组编《长宁镇志（续）》（内部资料），2002年。

（17）赣中赣南龚氏第八次族谱编委会编《武陵堂龚氏族谱》（内部资料），1996年。

【作者简介】

林雨生，男，1992年生，江西寻乌人，地方文史爱好者。

长举村历史文化遗存状况调查报告

王佳京

一、基本情况

长举村位于寻乌县城北部约 2.5 公里处，现为文峰乡所辖。辖区面积 6.98 平方公里，有 22 个村民小组。东邻本乡东团村，南接长宁镇城北村，西毗三标乡富寨村，北与本乡长溪村接壤。

2020 年末，全村共有 789 户 3185 人，其中黄氏 2066 人、刘氏 342 人、邱氏 206 人、龚氏 143 人、谢氏 137 人、骆氏 72 人、侯氏 71 人、曹氏 70 人、蓝氏 29 人、华氏 9 人、曾氏 9 人、范氏 8 人、周氏 7 人、姚氏 6 人、何氏 6 人、陈氏 4 人，2017 年之前分散在长举、谢屋、骆屋、澄坑、圳头、龚屋、瑶坑、罗岗头、矮塘等 9 个屋场。除蓝氏为畲族外，其余各姓均为汉族。

全村共有耕地 1330 亩，林地 6780 亩，经济以农业为主，其中又以果树种植为主。

村内通水、通电、通邮，入户小道基本实现水泥硬化，广播电视和 4G 信号覆盖全村，有副食杂货等店铺 13 家，餐饮和旦点铺5家，猪肉铺2家，卫生所2家。

党支部和村委会驻圳头，有定补干部7人。全村有建档立卡在册贫困户95户409人，挂点帮扶单位为寻乌县市场监管局、寻乌县公安局城关派出所、寻乌县国土资源局，目前贫困人口全面实现脱贫。

长举村始建于宋孝宗乾道年间，已有850多年的历史。明万历四年（1576）之前，长举隶属安远县西水乡石溪保，属兴让里。万历四年设立长宁县后，全县分为四厢十二堡，长举隶属北厢。清末宣统间合并东南西北四厢为石溪堡，长举隶属石溪堡。民国十一年（1922），石溪堡改名为城区，长举隶属城区。民国二十二年（1933），城区改名为第一区，长举隶属第一区。民国二十七年（1983），第一区改名为寻邬镇，长举隶属寻邬镇。民国三十四年（1945），寻邬镇改名为石溪镇，长举隶属如故。1950年初，石溪镇改称城关区，长举称长举乡，隶属城关区。1958年9月，城关区改称城关人民公社，长举改称长举大队，隶属城关公社。1964年，城关公社改称城郊公社，长举隶属之。1966年6月，拨划长举大队山林土地成立寻乌县果树林场（后改称园艺场）。1969年，长举大队划入寻乌县园艺场。1983年9月，城郊公社改称文峰公社。1984年4月，文峰公社改称文峰乡，长举大队改称长举村，长举隶属文峰乡。1997年4月，长举村改属长宁镇。2000年1月，长举村改属文峰乡。2017年，由于城市建设需要，长举村实施大规模拆迁，涉及全村70%居民，不少自然村和屋场已经消失，村庄成为城乡结合部，长举小学并入新建的寻乌县文峰中小学。2020 年 6 月，寻乌县民政局发布公示，长举村即将划入长宁镇。

长举村最早的居民为龚氏，龚培于宋孝宗乾道年间（1165—1173）从福建光泽迁入，创圳头龚屋。刘正文约于元明之际从瑞金迁入，创埠子刘屋。黄才盛于明洪武元年（1368）从兴国迁入，创长举黄屋。清康熙初，侯南弼、侯元臣兄弟从本县双桥堡留车圩迁入，创埠子侯屋。雍正年间，曹愈隆由西厢田背村迁入，创矮塘曹屋。乾隆年间，邱禹元从南厢图合村迁入，创圳头邱屋。乾隆五十年（1785）前后，谢仲灵从南厢黄圳村东秀围迁入，创鸭子墩谢屋。乾隆五十五年（1790），骆四贤、骆四杰兄弟从城南骆家庄迁入，创建骆屋。何氏、曾氏约于乾隆年间迁入瑶坑。

二、古建筑

（一）高山庵（福慧寺）

高山庵始建于清顺治九年（1652），康熙八年（1669）重修。据村民回忆，庵堂有上下厅，中间为天井，天井与上下厅之间用四根木柱支撑房梁天面，堂外建有一门楼。寺门口有少量田地，僧尼耕作自给。至 20 世纪 50 年代，门楼倒塌，庵堂破败，而后尼姑还俗嫁人，寺庵被废弃。不久因建设小学缺少材料，遂将木料砖瓦拆卸运走，土坯砖则用于肥田。今在原址上已兴建福慧寺，寺内存有清雍正残碑一方，寺后西侧原有祖师殿旧址，今仅存巨石。祖师殿工地西侧有开山祖师行密和尚墓葬，墓碑中书"开山祖圆寂恩师行密上座"，右书"皇清雍正七年仲冬月吉旦重修"，右侧落款为"孝徒灯焰、灯见立",左侧落款为"孝孙明度、明弘，玄孙宏悟、宏源、宏亮"。寺前右侧有清末民初僧尼墓葬，墓碑中书"高崇成道真人曹瑞淑何奶宝塔"。

雍正十一年（1733）重立高山庵纪事碑，今存下半截，残高57.5—81厘米，宽60.5厘米，红石，约500字。残碑录有四篇碑文，第一篇为康熙八年（1669）冬所书，记载高山庵的由来和重修经过。第二篇为康熙五十九年（1720）七月所书，记载黄天栋施田的由来以及施主争端。第三篇时间不明，记载高山庵禾田、木梓、食茶等产业的地点、面积及由来，有龚氏、黄氏、刘氏、谢氏、曹氏、范氏、郭氏、李氏等人名。第四篇为雍正十一年（1733）十一月所书，记载某姓五星、六星、七星兄弟三人捐资维修庵堂及塑造佛像之事，有汪氏、丘氏人名。在第四篇碑文之后，又有僧明度、明淑之附刻，记载赎回禾田之事。

福慧寺原址为高崇山庵，目前建有大雄宝殿一座，禅房两座，内置知客室、积香厨、餐厅、客房等，占地面积约1630平方米，建筑总面积约2300平方米。

大雄宝殿天面为双檐翘角，属庑殿顶。高大气派，雄伟壮观。里面共有12根大圆柱支撑支架和天面，神龛上座从左到右分别有阿弥陀佛、阿难尊者、释迦牟尼佛、迦叶尊者、消灾延寿药师佛佛像；释迦牟尼佛像前依次为观音菩萨佛像、供桌、香案、功德箱以及拜佛念经的空间。神龛左右及后背大门两边为十八罗汉等诸神佛像。释迦牟尼佛背后为大悲观音菩萨佛像，大悲观音菩萨佛像座前，左边为龙女佛像，右边为善财童子佛像。

大殿前置有石狮、花池、香炉、香搭、地藏菩萨和木鱼山等。

住持瑞德法师是具足戒比丘，有九华山佛学院、闽南佛学院等处进修经历，福慧寺是目前县内规模最大的寺院。

（二）观音庵

观音庵在福慧寺东侧数里，最初由龚朝贵出资兴建于明洪武二年（1369），供奉观音菩萨。康熙四十三年（1704），圳头龚氏重修。据村民回忆，民国末年，因有盗贼出没，僧尼避居高山庵，后来房屋倒塌，青砖被村民拆下卖给化工厂，旧址在大集体时期开发为农田，今农田废弃，被荆棘茅草所覆盖。

（三）霞光古庙

旧霞光古庙位于长举村中心，传言创建于明崇祯年间。据村民回忆，古庙坐东向西，上下二厅、左右二廊、中间一天井平房，上下厅与天井之间有四根圆木柱支撑房梁天面，梁柱间有木雕装饰。庙对门有小型戏台，用于庙会期间上演木偶戏。戏台高出地面一米多，台前壁上镶嵌有二块碑刻，碑刻与戏台高度一致，宽约一米，为初建庙宇纪事功德碑，20世纪70年代建设圳头陂时因被用作建材而毁。2006年，在古庙后添建天井，天井后建有一栋混凝土建筑，屋顶盖琉璃瓦，之后又陆续新建膳厅、厨房和杂物间等，庙宇占地面积约300平方米。庙门口为旧时长宁县通往三标、安远的鹅卵石路面官道。2017年，霞光古庙因城市建设拆迁至村西罗岗头重建。新建庙宇主体仍旧坐东向西，置有门楼、庙宇、戏台、廊桥、厨房、杂物间和洗手间等，建筑总面积约780平方米。庙内供奉五显大帝，以每年农历九月二十八日为五显大帝圣诞日举行祈福游行仪式，是县内比较隆重的庙会。

（四）黄氏才盛公祠（都督第）

黄氏才盛公祠位于长举村围里，坐西向东，前为门楼，后为祠堂及民居，门楼与祠堂之间有围墙连接，内为院坪。门楼顶嵌有"都督第"石碑，左右两侧放置高约 0.5 米平顶石狮子一对，门楼内两侧墙壁嵌有祠堂条规碑刻一通。民居略高，呈半圆形包围祠堂。祠堂分上下两厅，中间为天井，门口放置石鼓一对。该建筑始建时间不明。据碑刻及民间传言，门楼原本居中，道光间改建于东侧。2012 年 8 月，祠堂被列为寻乌县文物保护单位，2014 年由黄氏宗族进行维修。今民居及围墙已经拆除，仅剩祠堂。建筑占地面积约 420 平方米。

都督第禁约碑一通二方，道光十年（1830）五月立，镶嵌于门楼内侧左右墙壁，碑高 62 厘米，宽 41 厘米，青石。前有序，序后列祠堂管理条规六则。

（五）圳头龚氏大屋

龚氏大屋位于圳头龚屋，背靠蜈蚣形山，坐西北向东南，于民国三年（1914）由福缘、福善、福庆三大房裔孙同建，为一进两厅四横屋型祠堂民居混合建筑。祠堂居中，前有门廊，两侧为民居，外围民居前伸，呈凹字形。门廊外有门坪，门坪外有弯月形池塘一口。祠堂分上厅、下厅和左右廊庑，中间为天井，天井与厅廊之间用四根柱子支撑屋檐，下厅及左右廊庑天花均有藻井。上厅两侧各有一间正房，下厅两侧各有一耳房。祠堂与横屋之间有"塞口"相通。祠堂与横屋之间、横屋与横屋之间各有天井相连。

该大屋是目前长举村内保存最好的一座老建筑，用料装修比较考究，基本保持原貌，只是更换了瓦顶。建筑总面积约 1200 平方米。

（六）谢氏窗吟公祠

窗吟公祠位于谢屋村内，为传统二进二横式结构，约为清后期所建。今祠堂门厅以内大部分已经倒塌，只剩正面及两边横屋若干间。正面青砖到顶，翘尾，为硬山顶穿斗式房梁结构。木门框条石门槛，天面土墙灰瓦，建筑面积约 1000 平方米。残存梁柱硕大，厅宇宽广，用料考究。禾坪约 260 平方米，鹅卵石铺底。2020 年末，谢氏合族重修窗吟公宗祠。

（七）圳头邱氏宗祠

邱氏宗祠位于圳头邱屋，系乾隆末年邱禹元所建。今旧祠堂已经拆除。于 2016 年按原墙基改建为单层砖混结构建筑。

（八）刘氏宗祠

刘氏宗祠于 2017 年因城市建设需要而被征收拆除，现借刘氏系下民宅安妥祖灵。

（九）骆氏宗祠

旧宗祠在多年前倒塌，未能重建。

（十）矮塘曹氏宗祠

矮塘曹氏宗祠坐西朝东，主体建筑倒塌，留有两边横屋各7间。

三、民间文献

（一）谱牒

1.光绪二十四年（1898）《长邑黄塘曹氏四修族谱》11 卷。

2. 民国三年（1914）《长邑骆氏二修族谱》2卷。

3. 民国五年（1916）《上谷堂侯氏三修宗谱》2卷。

4. 民国九年（1920）黄氏抄谱1册。

5. 民国三十五年（1946）十二月《寻邬埠子刘氏族谱》1卷，抄谱1卷。

6. 民国三十六年（1947）二月《丘氏联修大成族谱》12卷。

7. 民国三十六年（1947）《寻邬骆氏三修族谱》2卷。

8.1994年春《江夏堂黄氏联修族谱·第六卷》1册。

9.1996年12月赣中赣南第八次族谱编委会编印《武陵堂龚氏族谱》1册。

10.2001年冬编印《黄龙圳村谢氏族谱》1册。

11.2006年6月中华丘氏大宗谱江西寻乌分谱编委会编印《中华丘氏大宗谱·江西寻乌分谱》（上下）2册。

12.2013年3月江西省寻乌县骆氏五修族谱编委会编印《五修本骆氏族谱》1册。

13.2014年8月寻乌黄龙圳寿二公族谱理事会编印《中华谢氏宗谱·寻乌分卷·寿二公房族谱》1册。

14.2017年10月寻乌曹氏宗族理事会编印《寻乌黄塘曹氏族谱》5册。

15.2019年4月江西龚氏统谱编委会《江西龚氏统谱》1册。

（二）契约文书

所见长举村黄氏契约文书有两批。一批为赣南师范大学朱忠飞博士所藏，系长举村围里屋场及岸岭屋场黄氏文书，又以围里黄树华家族为主,含道光至民国三十七年(1948)契约 31 份(及尾契 3 张)、民国年间寻邬县土地编丈册 4 页、土地陈报公告通知 2 张(及底稿 1 页)、田赋及征借粮食收据 4 张(及通知单 1 张)、割粮凭据 1 张、契税收据 1 张。另一批为长举村民黄永光先生所藏,系围里屋场黄科成家族文书,含光绪十三年(1887)、民国十八年(1929)、民国十九年(1930)分关书 3 份(4 册 23 页)、记账纸 2 页。

四、非物质文化遗产

寻邬为纯客家县,长举村居寻乌中部,非物质文化遗产项目如婚嫁丧葬、春祀秋祭、祈福庙会、儿歌童谣、民间故事传说、体育竞技、儿童游戏、中医巫医等和南北县境大同小异。比较有特色的是旧时会社种类繁多,有祖宗祭祀会社、宗族福利会社、农业生产会社、神道会社等 50 余种会社,但大部分已经失传。此外,霞光庙会规模比较大,闻名全县。另者,族规家训、祠堂条规,虽然与其他村落异曲同工,但执行较严,所以人才辈出。

长举村龚氏有《家规》五则,刘氏有《家约》五则暨《八德》八则,黄氏有《族规》八则,骆氏有《家训》十则《宗约》十则《族法》八则,曹氏有《家规》十六则,丘氏有《家规》十则。这些族规家训不仅有具体的言行规范,还有触犯规训后的处罚矫正等措施,流传至今数百年,成为长举各氏族的行为规范。各族在新(续)修族谱时,在沿用或将其发扬时,也存在风格差异,警示方式不一。如黄氏《峭山公嘱子诗》就与众不同,黄氏将祖训弓写悬挂于长举围里的黄氏宗祠廊厅内，每逢春祀秋祭，管委会结合实际进行宣讲，时刻警示族人。

体育竞技及儿童游戏项目有踢毽子、踩高跷、掰手腕、骊马子、搭人梯、打石子、打水漂、下五子棋、捉迷藏、猜拳行酒令等。

民间音乐项目有北厢八音乐队，在婚丧嫁娶、春祀秋祭、神祇庙会等仪式上演奏。

霞光庙会在每年农历九月二十八日举行，有乐队、舞龙、抬菩萨、抬故事巡游等习俗。村民虔诚拜佛，供奉果品，上香祈福，燃放鞭炮，摆酒宴请亲友。

传统米果制作工艺，有油炸克烙板、老蟹子、米果、灰水板、老鼠粄、仙人粄、苎叶粄等。

传统医药有挑积、搬惊风、药薰、药浴等习俗。

道教觋公科仪有斩煞、出煞、送鬼、喊魂等。

此外有婚庆礼仪及口彩、祭祖仪式及主持文读等。

五、历史人物

龚氏古代人物有龚宽，永乐贡，河南商水知县。龚敏，宣德贡，四川都司断事。龚清，吏，巡检。龚汝键，家贫，教子激劝儒风。龚万仁，万历三年（1575）选送赣州府学，赏银牌纸笔。释行密，清顺治九年（1652）在本村高崇山结茅修行，康熙八年（1669）重建高山庵，曾有恩于黄天栋。

黄氏先祖崇文尚武，人才辈出。五世思旭公、六世凤常公为文庠生。九世黄冲廻为贡生。九世黄德新，年高德劭，为乡饮大宾。

武官有九世黄德玉、十一世黄天栋、十二世黄景芳、十三世黄文煊和黄见龙，均为四品以上官员。至民国有黄石、黄建中、黄兆英、黄兆贞、黄兆丰等五人为黄埔生。中华人民共和国成立特别在改革开放后，有以黄振泉、黄为麟、黄承斌、黄承万和黄文卿等为代表的高学历人才。另有瑞德法师，俗名黄承根，曾在九华山佛学院、闽南佛学院游学修习，现为福慧寺住持。

刘氏明清时期有贡生刘正权、刘大椿2人，有文庠生刘正文、刘允望、刘友云、刘才兴、刘奇凤、刘大昇、刘大贤、刘质忠、刘育英9人，有武庠生刘顺积、刘顺果、刘福兴、刘再兴、刘元鼎5人，可谓书香不断，允文允武。科举废除后，有刘立松，某陆军中尉连副；刘星朗，中央陆军军校毕业，历任陆军排长、连长，寻邬县政府指导员助理秘书；刘海泉，江西省立师训班毕业，江西地方行政干部训练团毕业。

1930年毛泽东《寻邬调查》记载："寻邬县有三个管钱粮的，刘士辉、刘梅芳、黄少堂。""黄甲宾（北厢长举），收七百石租，国民党员。何子贞想利用他，他不出来。现在投机，向农民表示好意，要枪交枪，要钱出钱。他说：'国民党没有用，出了钱不能保命，出到苏维埃还可保命'。""黄甲奎（北厢长举），收三百多石，平远中学毕业，寻邬国民党指导委员，新寻派分子（新寻学校教员），积极反动。"

在第二次国内革命战争时期，长举村培养了一批优秀的革命战士。经民政部门认可的革命烈士有黄澄清、黄森芳、黄荣芳、黄佛佑、黄世光、黄国华、刘接昌、刘祖森、刘立标、刘德伦、侯宗经、侯宗洪、丘（邱之误）国淋和龚常华等14人，另有4人参加革命后下落不明。

据明弘治《八闽通志》，嘉靖《赣州府志》，清《长宁县志》等文献，结合谱牒资料，长举村主要有以下历史人物。

表1　长举村历史人物表（1949年之前出生）

姓名	人物简介
龚宽	永乐贡，河南开封府商水县知县。
龚敏	宣德贡，四川都司断事。
龚清	吏，巡检。
龚汝键	家贫，教子激劝儒风。
龚万仁	万历三年（1575）选送赣州府学，赏银牌纸笔。
刘正权	贡生
刘大椿	贡生
刘正文	文庠生
刘允望	文庠生
刘友云	文庠生
刘才兴	文庠生
刘奇凤	文庠生
刘大昇	文庠生
刘大贤	文庠生

（续表）

姓名	人物简介
刘质忠	文庠生
刘育英	文庠生
刘顺积	武庠生
刘果顺	武庠生
刘福兴	武庠生
刘再兴	武庠生
刘元鼎	武庠生
黄子敏	例授卫千总
黄子信	监生
黄思浩	乡饮大宾
黄思旭	庠生
黄凤常	庠生
黄冲徊	贡生
黄守贵	庠生
黄德新	字汤铭。年高德勋，族戚推重之，以为耆宾望重，公举乡饮大宾。
黄德玉	江西省城都司
黄兴爵	选举左阁，例授乡饮大宾。
释行密	圳头龚屋人，清顺治八年（1651）在本村高崇山结茅修行，康熙八年重建高山庵。

（续表）

姓名	人物简介
黄天栋	字抡秀。青年时代，弃农从戎，曾参与平定三藩之乱战事。康熙十八年（1679），朱明率兵盘踞崖石寨，黄天栋夜率壮士，火烧军营，朱部从梦中惊醒，见火光冲天，慌乱弃寨而逃，天栋领兵追杀朱兵无数，幸存者走投无路，全部投降。后又屡建战功，于康熙二十年（1681）至康熙二十五年（1686）任江南京口（江苏镇江）镇标右营游击，尽忠职守，卒于任上。
黄上卿	左营总司
黄上用	国学生
黄上颢	庠生
黄上琉	又名上略，候补同知。
黄上钟	候选经厅
黄上琮	县丞
黄上珠	县丞
黄上韬	庠生
黄景蒂	守府
黄景芳	江西抚标左营千总
黄文煊	赣州府城守营总司
黄见龙	会昌县城守，功加都督衔，升羊角营都司。
黄文鸣	恩赐登仕郎
黄元勋	国学生

（续表）

姓名	人物简介
黄元旭	登仕郎
黄登松	字相德，恩赐六品。
黄登洲	国学生
黄登寿	乡饮大宾
黄登富	例授登仕郎
黄登亮	秀才
黄登汉	秀才
黄登围	秀才
黄仁发	秀才
黄崇德	监元
黄佛让	例授登仕郎
黄科捷	贡生，例授职员。
黄科日	字富粮，恩授登仕郎。
黄科试	例授国学监元
黄辉华	邑庠生
黄飞雄	邑庠生
黄锦荣	字金台，文庠。
黄如金	庠生，医师。
黄甲人	字永崇，号连升，例授职员。

（续表）

姓名	人物简介
黄龚氏	黄荣阶之妻。年二十三夫殁守节，子俱成立，亲见六代，八十余寿终。
黄炳麟	被孙中山任命为中华革命党江西长宁分部部长，曾任广东始兴县知事。
黄英杰	上海劳动大学毕业，曾任寻邬县县长、田粮处主任。
黄兆英	黄埔军校二期毕业，曾任北伐军营长党代表、江西省党部指导委员等职。
黄建中	字民坚，黄埔生。
黄石	字铁如，黄埔生。
黄兆贞	毕业于南昌志成中学，黄埔生，曾任国军36军营长，于1940年2月在昆仑关抗战中阵亡，葬于桂林。
黄兆丰	黄埔十三期毕业，曾任国军第五师团长、陆训总队长。
黄雪邦	曾任工农红军会安寻三县指挥部参谋长。
黄荣发	又名荣宗，抗日战争阵亡。
黄兆咸	师范毕业，江西省政干团结业，曾任小学教师，县政府科员、指导员、秘书等。
刘立松	某陆军中尉连副。
刘星朗	中央陆军军校毕业，历任陆军排长连长，寻邬县政府指导员助理秘书。

（续表）

姓名	人物简介
刘海泉	江西省立师训班毕业，江西地方行政干部训练团毕业。
黄传万	字卓群，生于 1918 年，江西省政干团结业，曾任镇干事、区军事指导员、小学教师等职。
黄世荣	迁居印尼。
黄光祥	曾参加红军。
黄坤泉	生于 1920 年，江西省干训团结业，曾任寻邬县石溪镇镇长、乡长等职。
黄慈祥	生于 1921 年，高师毕业，曾任小学校长。
黄润祥	生于 1921 年，赣州高师毕业，曾任小学校长。
黄振泉	生于 1930 年，1956 年 8 月武汉大学毕业。1985 年任赣南师范学院院长，1987 年晋升教授。
黄荣亨	字丰泉，生于 1930 年，华中农业学院结业，曾任技术员、审计员。
黄荣华	生于 1931 年，江西省立赣中高中毕业（1949），南昌大学肄业。
黄为麟	生于 1936 年，1959 年 7 月华中工学院本科毕业，高级工程师。
黄荣宗	字定国，生于 1937 年，江西农学院赣南分院毕业，曾任农业局果茶站站长、农艺师。
黄绍庆	生于 1938 年，江西工业专科毕业。

（续表）

姓名	人物简介
黄煅炎	生于 1939 年，江西工学院毕业，曾任水利局工程师。
黄荣征	生于 1941 年，大专毕业，曾任县人民医院院长。
黄荣膺	又名荣昌，生于 1941 年，宁都师范毕业，曾任小学教师、县工商联秘书长。

参阅资料

（1）所见长举村谱牒文献。

（2）所见长举黄氏契约文书。

（3）刘承源《长举村情简介及文献资料》稿。

（4）《志成校刊》1930 年创刊号。

（5）《毛泽东农村调查文集·寻邬调查》，人民出版社，1982 年。

（6）江西省寻乌县志编纂委员会编《寻乌县志》，新华出版社，1996 年。

（7）寻乌县地方志编纂委员会编《寻乌县志（1986 ～ 2000）》，黄山书社，2008 年。

（8）黄志繁主编《寻邬文献丛刊》，江西人民出版社，2018 年。

（9）江西寻乌同乡会编《寻乌人在台湾》（内部资料），2001 年。

（10）寻乌县地名办公室编印《江西省寻乌县地名志》（内部资料），1985 年。

【作者简介】

王佳京，寻乌澄江人。合作著有《江西地方珍稀文献丛刊·寻乌卷》《水云深处人家·寻乌县历史文化与传说故事选辑》，参与《寻邬文献丛刊·民国乡土教材三种》的整理，主持《全国革命老区发展史·江西寻乌卷》的编纂工作，现任寻乌县历史文化研究会常务副会长，寻乌县非物质文化遗产保护工作专家。

明清时期江西长宁籍中高级武官事迹考略

林雨生

　　明弘治、正德以降，南赣地区民乱频仍、盗寇蜂起，明廷为此专门设置了辖制江西、福建、广东及湖广交界地区，以剿盗平寇为主要职责的南赣巡抚。在剿灭黄乡叶氏地方势力后，时任南赣巡抚江一麟奏请建县设治。万历四年（1576）三月，正式分割原属安远的黄乡、双桥、八付、腰古、项山、劳田、滋溪、石痕、石溪、寻邬、大墩、桂岭、水源、三标、南桥等十五堡置长宁县，县治设于石溪堡马蹄冈。此后直至民国三年（1914），因北洋政府内务部改定各省重复县名，江西长宁县以"该县东五十里有寻邬水"改称寻邬县。

　　长宁其名虽有长久安宁之意，但建县设治后，长宁县又先后历经明末起义、明清鼎革、三藩之乱、太平天国运动等诸多变故且深受影响，很多时候境内及邻近府县依旧动荡不堪。生活于此地的客家先民不仅需要和恶劣的自然环境斗争，还要面对持续不断的兵匪威胁，故而养成了尚武的习性。生逢乱世，长宁子弟纷纷投军报国，在沙场征战中涌现了一些出众的武官，他们的事迹散见于方志、谱牒等历史文献中。历代江西《长宁县志》对县籍武官多有载录，笔者尝试依据手头可据资料对县志记载的明清时期县籍中高级武官事迹作一番简单考述，并就教于方家。

一、明清武官制度概略

明代武官大体可分为卫所制下与五府及都司卫所有关的武职官系统和镇戍营兵制下的营伍及守城系统。明前期的军事制度以卫所制为主体，据万历《大明会典》对兵部官制的规定，武职官的品级分正一品至从六品（土官增设正七品与从七品），其中属于正一品的有左都督、右都督，从一品有都督同知，正二品有都督佥事、正留守、都指挥使，从二品有都指挥同知，正三品有副留守、都指挥佥事、指挥使，从三品有指挥同知、宣慰使。

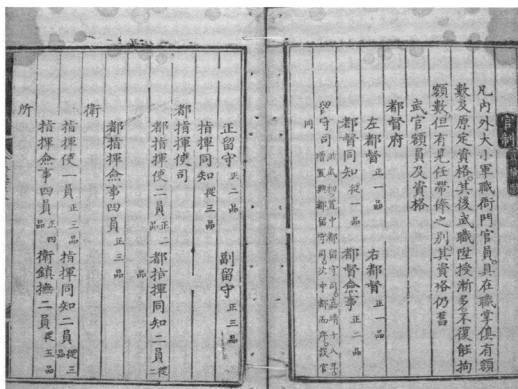

万历《大明会典》

自永乐时期开始，随着卫所制度的破坏和内忧外患的加剧，明代边方管理模式逐渐变为差委官统兵镇戍的镇戍制，原本负责军事的都指挥使司权力逐渐分散，被镇戍总兵所制，镇戍营兵制便成了明中后期的主导军事制度。《明史》记载，"总兵官、副总兵、参将、游击将军、守备、把总"等镇戍营兵制下的武官属于"无品级、无定员"的差委官。由于镇戍营兵制的崛起，武职官系统迅速变化，原来的武职逐渐阶官化，只用于表明武官的身份等级、资格与部分待遇。

清兵入关后，效仿镇戍营兵制发展出绿营兵制，提督、总兵、副将、参将、游击、都司、守备、千总、把总等成为有品级的武官。清代武官分九品，共十八级。根据《大清中枢备览》中记载的武职官阶品级规定，忽略八旗武官和驻京武官不说，驻外绿营最高武官为从一品的提督，正二品则有总兵，从二品有副将等，正三品有参将等，从三品有游击等。

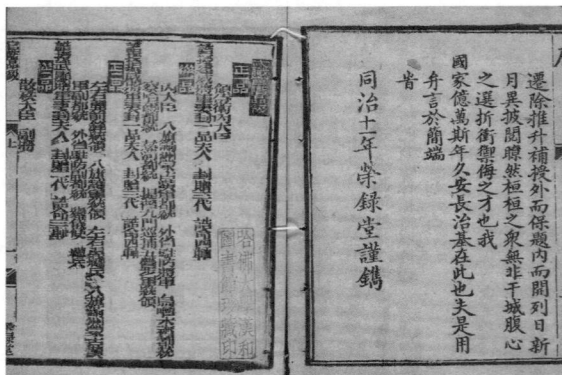

同治《大清中枢备览》

文中所言中高级武官，以从三品及以上品级为准。明代镇戍营兵制下的武官虽无品级，亦参考清代定例一并叙录。

二、县志对县籍武官的记载情况

笔者所见江西《长宁县志》，以纪事时间下限判断刊行时间，计有康熙十二年（1673）刊、乾隆十四年（1749）刊、乾隆三十一年（1766）刊、咸丰十一年（1861）刊、光绪二年（1876）刊、光绪十六年（1890）刊、光绪二十五年(1899)刊、光绪二十七年(1901)刊、光绪二十七年(1901)修三十三年（1907）刊、光绪三十三年(1907)刊等10种刊本。其中，康熙十二年志没有关于县籍武官的记载；乾隆十四年志卷四有《武举人》《武职》《封赠》《武略》等4目涉及县籍武官，乾隆三十一年志同乾隆十四年志；咸丰十一年志卷二有《武进士》《武举》《武职》《封赠》《武略》等5目涉及县籍武官，光绪二年志、光绪十六年志同咸丰十一年志；光绪二十五年志卷十一有《武进士》《武举》《行伍》《封赠》涉及县籍武官，卷十二有《戎略》涉及县籍武官，光绪二十七年志、光绪二十七年增订志（光绪二十七年修三十三年刊本）、光绪三十三年志同光绪二十五年志。

历代《长宁县志》曾记载的明清时期县籍中高级武官共10位：明代有陕西西安府游击王本义，清代有杭州副将兼浙东总兵曹世琼、惠州提督中军参将碣石卫总兵曹成章、江南京口副将广东水师营副总兵黄天栋、绍兴卫守备署游击王万铎、南赣中营参将何其志、广西富川营千总升游击府刘奇元、广东三水营都司升游击陈开殿、福建平和游击林发春、建昌营游击蓝玫。其中，王本义、曹世琼、曹成章、黄天栋、王万铎、何其志、刘奇元7人首见于乾隆十四年志，陈开殿、林发春、蓝玫3人首见于咸丰十一年志。

三、县籍中高级武官事迹考述

（一）王本义

乾隆十四年《长宁县志》卷四《武职》记载，"王本义，陕西西安府游击"。此外，《封赠》条目明代部分记载，王必通、王凤、王缙均"以本义任陕西西安府游击封荣禄大夫"。

除所在卷目有差异外，乾隆十四年志及后续各版县志关于王本义的记载内容基本一致。

查乾隆《西安府志》，未记载武职官员任职情况。康熙《陕西通志》及民国《续修陕西通志稿》仅录有清代武官任职信息。雍正《陕西通志》卷二十二《职官》虽有明代都指挥使、总兵、副总兵、参将、游击等部分武官任职信息，但未见王本义。

综上，未见王本义任"陕西西安府游击"的任职地文献记录。

（二）曹世琼

乾隆十四年及乾隆三十一年《长宁县志》卷四《武职》记载，"曹世琼，字国瑞，随征千总，选杭州副将"。《封赠》条目记载，曹璇"以子世琼杭州副将封骠骑将军"。《武略》条目记录了三藩之乱期间曹世琼在征讨叛将严自明的战斗中冲锋陷阵、杀敌立功的事迹："曹世琼，善射，饶智略。伪将军严自明据南安，造子母鸟枪，一发数炮连响，我军甚难进取。世琼以絮被裹身，先与数十人撄其锋，贼炮尽发，仓皇不能再整，世琼大呼，我军砍营而入，斩级数万，焚其巢穴一十余处。时叙功当以世琼第一，稍不称大将军意，授杭州副将。后推升浙东总镇，未至任而卒。"据《大清圣祖仁皇帝实录》记载，严自明举兵叛乱乃康熙十五年（1676）至康熙十六年（1677）之事。

咸丰十一年《长宁县志》卷二《武职》记载，"曹世琼，字国瑞，随征千总，升杭州副将、浙东总兵"，这里的总兵即为前志所言"总镇"。《封赠》条目中除曹璇外，另有曹祖章和曹宗伦条中，亦有"以世琼任杭州副将、浙东总兵，封骠骑将军"的记载。《武略》条目内容与前志基本相同，但所涉及的数字略有差异："先与数十人撄其锋"改作"先与数人撄其锋"，"斩级数万，焚其巢穴一十余处"改作"斩数万人首级，焚其巢穴一十一处"。咸丰十一年志及后续各版县志关于曹世琼的内容基本相同，但部分县志误将"浙东"作"制东""浙州"或"制州"。

查乾隆《杭州府志》，未记载武职官员任职情况。雍正《敕修浙江通志》（光绪刻本）卷一百二十二《职官十二》虽有总兵、副将等武官任职信息，但未见曹世琼。

综上，未见曹世琼任"杭州副将""浙东总兵"的任职地文献记录。

（三）曹成章

乾隆十四年及乾隆三十一年《长宁县志》卷四《武职》记载，"曹成章，字斐然，随征千总，选惠州提督中军参将"。《封赠》条目记载曹世铨，"以子成章惠州提督中军参将，封骁骑将军"。《武略》条目记录了三藩之乱期间曹成章在追剿叛军韩大任时智破敌营、奋勇杀贼的事迹:"曹成章,矫勇过人,好鏖战。当三藩之变,吉南赣诸邑并为寇巢,白鹅、枫山、库镇等役,皆成章先登。时韩大任据吉安,成章累败之,追至黄塘岩诸境,大任负山依水坚壁不动,有老我师意。成章侦其险要,夜约锐手二十余人泅而过,从后杀人,贼盹睡中起,趋前迎敌,成章即以贼营大炮连发以丧其胆,贼疑大兵蹑后,溃乱不能成战,随用贼所刊木滚压之,乘胜追杀至诘旦,四体刀痕箭瘢如刻划,捉刀五指俱膏黏不能运动,诸贼由是悉平。官至广东提督中军参将。"据《大清圣祖仁皇帝实录》记载,韩大任起兵作乱乃康熙十六年(1677)至康熙十七年(1678)之事。

咸丰十一年《长宁县志》卷二《武职》记载,"曹成章,字斐然,随征千总,升惠州提督中军参将,升碣石卫总兵"。与前志记载有异。《封赠》条目中除曹世铨外,另有曹能与曹祖惠条中有载,"以成章任惠州提督中军参将、碣石卫总兵"得到诰封,而名号则由前志的"骁骑将军"变为"骠骑将军"。《武略》条目内容与前志基本相同,但最后一句改为"官升广东提督中军参将,莅任八载,授碣石卫总兵"。光绪二年志及光绪十六年志同咸丰十一年志。光绪二十五年志及后续县志卷十二《戎略》中对曹成章征战事迹的介绍更为简略,其余内容则与咸丰十一年志以及光绪二年志、光绪十六年志基本一致。

查光绪《惠州府志》,其卷二十《武职》虽有提督、总兵、副总兵、参将等武官任职信息,但未见曹成章。道光《广东通志》

（同治刻本）卷五十九至卷六十《职官表》同样有提督、总兵、副总兵、参将等武官任职信息，亦未见。

查康熙《江南通志》卷二十六《武职》及乾隆《江南通志》卷一百十一《武职》，在太湖营游击条目下均注有："曹成章，江西人，康熙二十一年任。"康熙《浙江通志》卷二十三《武职官》太湖营游击条目下注有："曹成章，长宁人，由将材康熙二十一年（1682）任。"

综上，未见曹成章任"惠州提督中军参将""碣石卫总兵"的任职地文献记录，但曹成章曾于康熙二十一年任浙江太湖营游击。

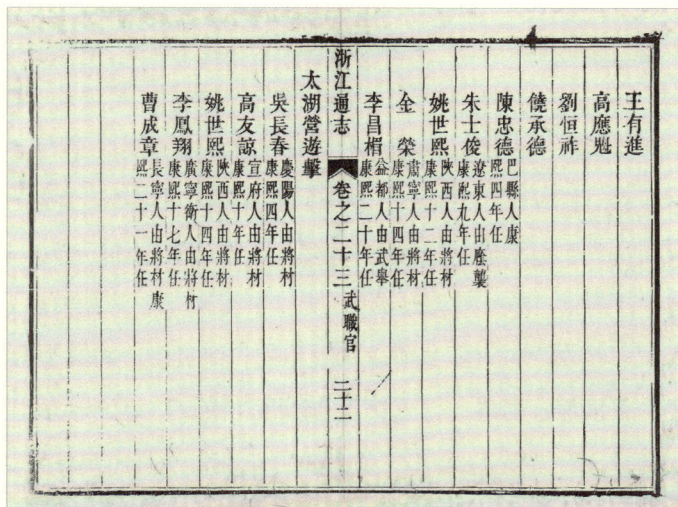

康熙《浙江通志》

（四）黄天栋

乾隆十四年《长宁县志》卷四《武职》记载，"黄天栋，江南京口副将，升广东水师营副总兵"。《封赠》条目记载，黄守相、黄德永和黄兴卷均"以天栋任江南京口副将升广东水师营副总兵封荣禄大夫"。《武略》条目记录了三藩之乱期间黄天栋在进剿叛将朱明时缘崖劫营、杀敌无数的事迹："黄天栋，体魁梧，力可兼数人。伪将朱明盘踞崖石寨，天栋夜率壮士缘崖劫其营，先杀贼逻者，运薪草于寨门火之，贼见火光烛天，不敢战，拔寨出走，天栋率兵蹑后，斩首无算，朱明计穷纳款。天栋以议叙，历官广东水师营副总兵。"据同治《赣州府志》记载，宣义将军尚之孝统领各路军马围剿兴国崖石寨朱明叛军，乃康熙十八年（1679）之事。

乾隆三十一年志、咸丰十一年志、光绪二年志和光绪十六年志关于黄天栋的记载与乾隆十四年志基本相同。光绪二十五年《长宁县志》卷十一《行伍》记载："黄天栋，字抡秀，原任广东水师营副将，晋总兵，升镇守江南京口等处地方左都督、大将军。"与前志记载有异。相应地，卷十一《封赠》条目中黄守相、黄德永和黄兴卷也均有载，"以天栋任广东水师营副将，晋总兵，升镇守江南京口等处地方左都督、大将军，（赠）正一品荣禄大夫"。卷十一《戎略》内容与前志基本相同，但最后一句改为："以功授广东水师营副将，晋总兵，升镇守江南京口等处地方左都督、大将军，正一品荣禄大夫。"光绪二十五年志所言左都督、大将军、荣禄大夫等当指加衔或封赠名号，后续各版县志关于黄天栋的记载同光绪二十五年志。

查康熙《江南通志》，在卷二十六《武职》京口镇标右营游击条目下注有"黄天栋，康熙二十年（1681）任"。乾隆《江南

通志》卷一百十一《武职》在镇守京口等处右营游击条目下注有
"黄天栋，江西人，康熙二十年任"。后一任右营游击王际泰在康
熙二十五年（1686）接任。

乾隆《江南通志》

查道光《广东通志》（同治刻本），其卷五十九至卷六十《职
官表》虽有提督、总兵、副总兵、参将等武官任职信息，但未见
黄天栋。

综上，目前有据可查的是黄天栋曾于康熙二十年（1681）至
康熙二十五年（1686）任江南京口镇标右营游击。未见黄天栋任
"江南京口副将""广东水师营副将""广东水师营副总兵"等罢
职的任职地文献记录。

（五）王万铎

乾隆十四年及乾隆三十一年《长宁县志》卷四《武举人》记

载"王万铎,字斯觉,康熙壬午。"《武职》记载"王万铎,字斯觉,武举,浙江湖州卫千总,升绍兴卫守备,署游击。"《封赠》条目则记载王一锦、王锡轮均"以万铎署都司营湖州所千总封明威将军"。

咸丰十一年《长宁县志》卷二《武举》记载,"王万铎,字斯觉,康熙壬午科"。《武职》记载,"王万铎,字斯觉（按:原文作"觉斯"）,武举,浙江湖州卫千总,升绍兴卫守备"。此处未再提及王万铎署任游击之事,与前志记载有异。《封赠》条目记载王一锦、王锡轮均因"万铎任湖州所千总"受赠,而名号则由"明威将军"变为"武信骑尉"。除所在卷目有差异外,咸丰十一年志及后续各版县志关于王万铎的记载内容相同。

查乾隆四年《湖州府志》,在卷三十《武职表》湖州所湖所领运千总条目内注有:"王万铎,江西长宁人,武举,雍正二年（1724）四月任,十三年四月引见,以卫守备用。"

查乾隆《绍兴府志》,其卷二十九《武职》虽有副将、都司、守备等武官任职信息,但未见王万铎。雍正《敕修浙江通志》（光绪刻本）卷一百二十二《职官十二》有总兵、副将等武官任职信息,但未记载游击、守备。

综上,可知王万铎曾于雍正二年任湖州所湖所领运千总,但未见王万铎"升绍兴卫守备,署游击"的任职地文献记录。

（六）何其志

乾隆十四年《长宁县志》仅在卷四《武职》条目记载有"何其志,字汉泰,分安南赣中营参将"。其中"分安"疑为"分守"

之误，后续各版县志均延续乾隆十四年志说法。

查同治《赣州府志》，其卷四十《武秩官表》虽有总兵、副将、参将、游击等武官任职信息，但未见何其志。查光绪《南安府志》、光绪《江西通志》，亦未见。

综上，未见何其志任"南赣中营参将"的任职地文献记录。

（七）刘奇元

乾隆十四年《长宁县志》仅在卷四《武职》条目记载有"刘奇元，富川营城守千总"。后直至光绪二十七年增订志，各版县志依然延续刘奇元曾任广西富川营城守千总的说法。而光绪三十三年《长宁县志》卷十一《行伍》则记载，"刘奇（按：原文作"其"）元，广西富川营千总，后升游击府，带兵剿贼尽忠，奉旨封怀远将军"，与前志记载有异。

查光绪《富川县志》，其卷四《武职》虽有守备、千总、把总等武官任职信息，但未见刘奇元。查嘉庆《平乐府志》、嘉庆《广西通志》，亦未见。

综上，未见刘奇元任"富川营千总，后升游击府"的任职地文献记录。

（八）陈开殿

关于陈开殿的记载，首见于咸丰十一年《长宁县志》，其卷二《武进士》记载，"陈开殿，字燕山，乾隆二十八年癸未进士，广东三水营都司，升游击"。《武举》记载，"陈开殿，字燕山，乾隆庚辰，恩科"。《武职》记载，"陈开殿，字燕山，武进士，广东三水营都司，升游击"。

除所在卷目有差异外，咸丰十一年志及后续各版县志关于陈开殿的记载内容基本一致。

查嘉庆《三水县志》，在卷七《兵制》城守都司条目下注有，"陈开殿，江西长宁县人，武进士，四十年任"。光绪《广州府志》卷三十《职官表十五》乾隆朝三水城守营都司条目下注有，"陈开殿，长宁人，进士，四十年任"。道光《广东通志》（同治刻本）卷六十一《职官表》乾隆朝三水城守营都司条目下注有"陈开殿，江西人，进士，四十年任"。

综上，目前可查知陈开殿曾于乾隆四十年（1775）任广东三水城守营都司，但未见陈开殿"升游击"的任职地文献记录。

（九）林发春

咸丰十一年《长宁县志》卷二《武举》记载，"林发春，嘉庆辛酉科"。《武职》记载，"林发春，武举，福建桐山营守备，平和游击"。

除所在卷目有差异外，咸丰十一年志及后续各版县志关于林发春的记载，内容基本一致。

查嘉庆《福鼎县志》，其卷五《职官》所列桐山营守备仅记录至嘉庆六年（即辛酉年）的萧大宾。道光《平和县志》卷四《武职》中的平和营游击记录至道光八年的福喜，未见林发春。光绪《漳州府志》卷二十三《历官》有总兵、游击、守备等武官任职信息，但平和营游击只记录至乾隆三十八年（1773）的何俊，漳州府诏安县另设有水师铜山营，其守备亦仅记录至乾隆三十八年的文英。道光《重纂福建通志》卷百十九《武职》有总兵、副将、参将、游击等武官任职信息，但其中平和营游击仍只记录至道光八年（1828）。

综上，未发现林发春任"桐山营守备""平和游击"的任职地文献记录。

（十）蓝玫

咸丰十一年（1861）《长宁县志》卷二《武职》记载，"蓝玫，字经术，行伍，道光二十一年（1841）出师粤东征英夷，功拔赣标后营千总，赏五品顶戴，□□□署吉安营守备"。《封赠》条目记载，蓝嘉青、蓝璋均因"蓝玫升守备"得到"武德骑尉"的名号。《武略》条目则较为详细地记录了蓝玫自幼随父从军，从鸦片战争到太平天国运动期间四处征战的事迹："蓝玫，璿（按：蓝璿）弟，幼随父（按：蓝凤鸣）赣镇千总营署，投赣标中军马战兵，考拔把总。道光二十一年（1841）正月，带兵往广东征英夷，二月初八到营。是月二十四，连日在凤凰冈打仗，炮毙夷匪多名，箭伤右手，伤列二等，参赞大臣杨赏换五品顶戴。道光二十八年（1848）正月，兵部带领引见，奉旨以守备题补。三十年（1850）十月，带兵到龙南防堵粤东英清（按：英德、清远）流匪，出力蒙保奏。咸丰三年（1853）五月，带兵到上犹剿办土匪，击毙贼匪五百余人，擒首犯刘昌通等二十余名，奉上谕以守备尽先补用。是年六月，带兵到省防堵剿办打仗。又因吉安、泰和土匪滋事，带兵赴吉。七月二十九鏖战，打死贼匪首百余名，生擒十七名。贼窜泰和，追逐，亲点大炮，毙匪二十余名，克复县城，围烧贼匪数百名，擒斩三百余名，打仗出力，赏戴蓝翎。咸丰四年（1854）四月，带兵赴省防剿，又因义宁州逆匪窜扰，迭次打仗出力，奉旨以都司升用。咸丰五年（1855）七月，又在义宁州迭次打仗，克复州城，毙贼数百余，生擒十余。保列以都司尽先补用。"

光绪二年《长宁县志》卷二《武职》记载："蓝玫，字经术，行伍，赣标后营千总，赏戴花翎，署吉安营守备，实任建昌营游击。"其军职已从吉安营守备升至建昌营游击。《封赠》条目中除咸丰十一年志的蓝嘉青、蓝璋外，另有蓝翔、蓝瑢等得到诰封。《武略》条目内容则与咸丰十一年志相同。光绪十六年志关于蓝玫的记载与光绪二年志基本相同。

光绪二十五年《长宁县志》卷十一《行伍》记载："蓝玫，行伍，赣标后营千总，赏戴五品顶戴花翎，尽先协镇，建昌营游府。"与前志稍有差异。《封赠》条目中另有，蓝凤鸣"以子玫游府即补副将封武功将军"。《戎略》对蓝玫征战事迹的介绍则更为简略："蓝玫，寻邬堡人，行伍。素性豪迈，武略超群。道光年带兵往广东征英夷，在凤凰冈打仗，炮毙夷匪，箭伤右手。咸丰三年，带兵往上犹征剿土匪，擒匪首刘昌通等百余人。逆贼攻破吉安、泰和、南昌、义宁州，玫带兵救援，克复泰和、义宁州，贼被杀毙生擒者不可胜计。奉旨以协镇升用，特授九江建昌营游击。"其中"九江建昌营"应为建昌府建昌营，后续各版县志关于蓝玫的记载同光绪二十五年志。

李元度所撰《天岳山馆文钞》卷十《江西按察使邓公家传》记载了咸丰五年（1855）时任江西巡抚的陈启迈派蓝玫带兵支援义宁州之事："陈公（按：陈启迈）乃令蓝玫带兵二百五十人往，

公（按：邓仁堃）少之，具牍请济师，不报。时义宁集团丁近万，候武宁师至同入援……"

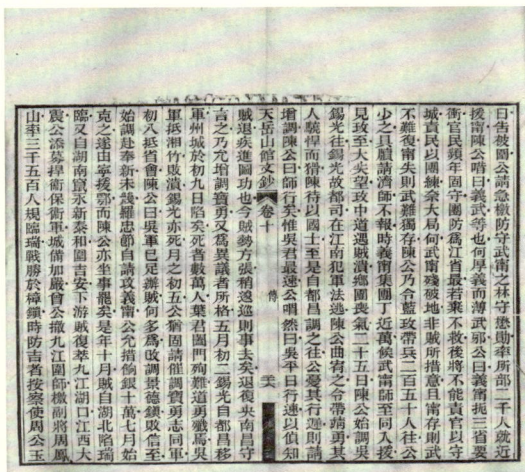

《天岳山馆文钞》

查同治《赣县志》，在卷二十六《武职》赣标后营把总及后营千总条目下，均注有"蓝玫，长宁人，行伍"。光绪《南安府志》卷十一《武秩官表》咸丰朝南安营守备条目下，注有"蓝玫，长宁人，三年署任"。光绪《吉安府志》卷二十《军政志·营员》咸丰朝吉安营守备条目下，注有"蓝玫，长宁人，五年署"。同治《赣州府志》卷四十《武秩官表》咸丰十年（1860）羊角营都司条目内，注有"蓝玫，长宁人，署"。光绪《建昌府志》卷六《武秩》建昌营游击条目下，注有"蓝玫，由行伍，同治二年三月任"。其卷二《公廨》亦提及"游击署……咸丰六年（1856）寇毁。同治七年（按：同治《南城县志》作"同治九年"），游击蓝玫同合郡绅士捐资修复"。

光绪《建昌府志》

综上，可确证蓝玫历任赣标后营把总、后营千总，先后署任南安营守备、吉安营守备、羊角营都司，并于同治二年（1863）任建昌营游击，县志有关内容与其任职地文献记录基本相符。

四、结语

如前所述，历代《长宁县志》记载的明清时期县籍中高级武官，目前可查到任职地文献记录的共有五位：曹成章、黄天栋、王万铎、陈开殿和蓝玫。其中可查证的中高级武官有曾历经三藩之乱战事的太湖营游击曹成章、京口镇标右营游击黄天栋，以及曾参与征讨太平军的建昌营游击蓝玫，县志所载内容与任职地文献记录基本吻合的则仅有蓝玫一人。

　　出现这种情况，或与笔者所掌握的资料相对有限有关，而已有的文献也可能存有记载不全等问题。此外，编纂志书时由于人物所处年代久远，其生平事迹或已难以考证，出于某些原因很可能采信了后人自觉或不自觉地凭着模糊记忆虚构出来的履历，私家历史从而逐渐转化为公共历史。虽然纂修凡例内多已言明"滥美则不敢"，"不敢借善善从长之说致涉浮夸"，各版《长宁县志》仍不可避免地引入了某些偏离实际的内容，呈现出"族谱化"的倾向。

参阅资料

（1）黄志繁主编《江西地方珍稀文献丛刊·重修虔台志》，曾敏、刘承源点读，刘松校对，江西高校出版社，2018 年。

（2）〔明〕李东阳等撰《大明会典》，万历十五年刻本，哈佛大学燕京图书馆藏。

（3）〔清〕张廷玉等撰《明史》，乾隆四年武英殿校刊本，哈佛大学燕京图书馆藏。

（4）《搢绅全书》，同治十一年荣录堂刊刻，哈佛大学燕京图书馆藏。

（5）〔清〕李元度：《天岳山馆文钞》，文海出版社，1969 年。

（6）〔清〕井廞修、〔清〕张问行纂（康熙十二年）《长宁县志》，中国国家图书馆藏刻本。

（7）〔清〕沈涛修、〔清〕沈大中等纂（乾隆十四年）《长宁县志》，《中国方志丛书》，成文出版社，1989 年。

（8）《长宁县志》，乾隆三十一年，《中国方志丛书·华中地方》

影印本，成文出版社，1976 年。

（9）南京图书馆编（咸丰十一年）《长宁县志》，《南京图书馆藏稀见方志丛刊》影印本第 122—123 册，国家图书馆出版社，2012 年。

（10）〔清〕沈熔经、黄光祥修纂（光绪二年）《长宁县志》，《中国地方志集成•江西府县志辑》影印本第 79 册，江苏古籍出版社，1996 年。

（11）《江西长宁县志》，光绪十六年刻本，中国国家图书馆藏。

（12）〔清〕金福保、梅奇蓂修，钟材权等纂（光绪二十五年）《长宁县志》，《上海图书馆藏稀见方志丛刊》影印本第 133—135 册，国家图书馆出版社，2011 年。

（13）〔清〕徐清来等修、〔清〕刘凤翥等纂（光绪二十七年）《长宁县志》，《北京大学图书馆藏稀见方志丛刊》影印本第 204—205 册，国家图书馆出版社，2013 年。

（14）《长宁县志》，光绪二十七年修三十三年刊，中国国家图书馆藏。

（15）《长宁县志》，光绪三十三年刊，兴宁印刷厂复制本。

（16）〔清〕王衍曾、〔清〕程祖蔚主修，刘承源、凌天明辑注《长宁县志辑注》，《寻邬文献丛刊》，江西人民出版社，2019 年。

（17）肖立军：《明代中后期军事制度研究》，南开大学，2005 年。

（18）曹循：《明代武职阶官化述论》，《史学集刊》2010 年第 5 期。

（19）李晓方：《地方县志的族谱化：以明清瑞金县志为考察中心》，《史林》2013 年第 5 期。

传统农村社会道德体系的建设及功效
——以长举村族规家训为中心的考察

刘承源

从"礼不下庶人"到"礼仪下乡",是近古中国社会的一个重大的变革,而宗族的建构和族规家训的推广是"礼仪下乡"的重要表现。本文以寻乌县长举村为例,探讨以族规家训为中心的传统农村社会道德体系的建设及其功效。

寻乌,旧称长宁,设立于明万历四年(1576),此前长举村隶属于安远县兴让里西水乡石溪堡。据各姓氏谱牒记载,长举村最早的居民是龚氏,于南宋孝宗乾道年间从福建光泽迁入,创圳头屋场。其次是刘氏,约于元明之际从瑞金迁入,创埠子屋场。再次是黄氏,于明洪武间从兴国迁入,创长举屋场。曹氏、丘氏、谢氏、骆氏、何氏等宗族则于清代从本县迁入,创矮塘、瑶坑等屋场。

1996年12月《武陵堂龚氏族谱》第8—9页,录有琼州知府桃江王京所撰《安远龚氏重修旧谱序》。王京,字宗周,信丰人,明成化五年(1469)已丑科进士,历任刑部主事、郎中,弘治间任绥德知州，卒于琼州知府任上。安远龚氏未能理解序文，称之为"重修旧谱序"，而据文中"子族派衍炽传，分徙多处，世系虽未混乱，迄今数百年陈章□贻，近代莫稽，考之事实，烦先辈高明展挥，贱族重修谱序是幸"等语，数百年前之"陈章"显然是指福建光泽龚氏老谱，与安远县石溪堡龚培后裔无关。安远龚氏家乘，应始于王京序谱。而据"是岁余为薄务适省，寓于石亭寺。倏有邻邑安远二庠友赴场事毕，嬉游余居停处，偶而会晤，询其姓名，则以龚对"等语，则此时王京或已有功名但尚未出仕，序言大约写于天顺、成化间。这是安远龚氏第一次修谱，距离始祖龚培于宋孝宗乾道年间肇基长举圳头村约300年。初修族谱的编纂者龚竹林、龚克振叔侄，是赴南昌参加乡试之"庠友"，也就是生员。

从《龚氏族谱》和地方史志可知，此时龚氏已经是有影响力的家族：龚宽，永乐贡，河南商水知县［见明嘉靖《赣州府志》卷九《岁贡》、万历十三年（1585）《开封府志》卷七《官师》、乾隆十四年（1749）《长宁县志》卷四《岁贡·明》］；龚敏，宣德贡，四川都司断事［见明嘉靖《赣州府志》卷九《岁贡》、乾隆十四年（1749）《长宁县志》卷四《岁贡·明》］；龚清，吏，巡检，连城主薄［见明弘治《八闽通志》卷三十四《秩官·连城县·主薄》、清康熙十二年（1673）《长宁县志》卷五《椽吏·明》］。从王京序言可以看出，天顺成化间龚氏初修族谱的目的在于敬宗收族，无暇考虑太多。王京序云："尝谓故家右族之有谱，犹国之有史。国非史无以纪兴替传后世，家非谱何以考系脉垂后裔，事虽异而理则不殊。"这是从纪事角度认可谱牒的存史价值。王京在文末希望龚氏"世世子孙仰思祖德，敬阅宗源，愈加善继，弥勤善述，对青灯而披黄卷，负道学而奋科第，移孝事君，推仁济物，不负竹林、克振之深意，亦足以征余言之不谬耳"。"移孝事君"的对象是朝廷，"推仁济物"则是传统儒家思想，并没有明显的乡村治理与道德建设诉求。龚氏第二次修谱是明万历四十七年（1619），因为长举村接近"贼巢"大帽山，龚氏大量外迁，原乡圳头已经衰落，重修族谱的主持人是安远虎岗福庆公后裔龚云晴、版石福缘公后裔龚万资。

1996 年 12 月成稿的《武陵堂龚氏族谱》第 9—10 页，录有安远知县林有科所撰《龚氏重修族谱续成序》。林有科对宗族的希望，明显与 150 年前的王京有异。在序言中，林知县开门见山地指出："粤稽古先圣王，建官置师，以六行教民。而首曰孝，为其有父母也；次曰友，为其有兄弟也；次曰睦，为其有姓也；且为有异姓，又教以姻；为邻里乡党相保相爱，又教以仁；相同相救，又教以恤。然恐徒教或不爱也，于是命官师以诗书德行而劝之。然恐徒劝犹弗率也，于是乎又有不孝不友不睦不姻不仁不恤之刑焉。先王之政，布在方策，班班可考，良法美矣，更仆难数。而独惓惓于此之六行者，亦以人之有族犹水之源木之本，源远则流长，本立而道生尔。是以《易》著《家人》，《书》陈敦睦，《诗》歌《行苇》，《礼》重治亲，《麟经》严名分，六经为表里，亦皆莫不以笃五伦亲九族垂训焉。"接着又说："又如乡以君子名，则以道德之足以化一乡也。里以冠盖名，则以富贵之足以耀一旦也。盖大丈夫生当立功，殁当庙食固已，而总之以克缵前绪、不坠家声者，即为懋敦六行而不负先王之教者矣。"这显然是借先王之政，要求宗族乡绅承担起乡村治理的责任，以道德和宗法约束族众，维护社会秩序。

王京和林有科都是明廷官员，两人序言中对于宗族的期望因时代背景不同而产生差异。自弘治至万历初的百余年间，南赣社会动乱，盗贼蜂起，于是朝廷设立巡抚驻扎赣州缉盗平乱。弘治八年（1495），朝廷给首任巡抚金泽的敕谕中，要求"务使民安贼息，地方无虞，斯副简任……如有处置乖方,致生他患,责有所归"（见《虔台续志》卷二《纪事一》）。为了完成朝廷交付的使命，历任南赣巡抚在实行军事镇压的同时，高度重视宗族士绅在乡村治理中的作用，重视乡村道德建设。正德十二年（1517）五月，巡抚王守仁谕各巢贼党，行十家牌法；同年八月，立乡约［以上见嘉靖三十四年（1555）《虔台续志》卷三《纪事二》]；嘉靖七年（1528）冬，巡抚汪鋐戒谕吏民；嘉靖十一年（1532）八月，巡抚钱宏绘《耕织图》《读书图》《孝弟节义图》，述《劝农条约》《勤俭二说》以教民；嘉靖十三年（1534）五月，巡抚陈察重申乡约保甲，兴社学行教化；嘉靖十六年（1537）四月，巡抚王浚立乡村团保长；嘉靖二十二年（1543）十月，巡抚虞守愚立社学以教新民子弟；嘉靖二十三年（1544）二月，巡抚虞守愚抚谕新民［以上见嘉靖三十四年(1555)《虔台续志》卷四《纪事三》]；嘉靖二十六年(1547)二月，巡抚朱纨申明保法；嘉靖三十二(1553)年九月，巡抚谈恺告谕条约，重申十家牌法；嘉靖三十三年(1554)四月，申明乡约［以上见嘉靖三十四年(1555)《虔台续志》卷五《纪事四》];隆庆六年(1572)三月,巡抚李棠申饬保甲之法兼行乡约;万历六年(1578)三月,巡抚蒙诏下教长宁县;万历十四年(1586)七月,巡抚贾待问严禁游荡恶少及崇尚邪术[以上见天启三年(1623)《重修虔台志》卷九《事纪六》];万历十八年(1590)十一月,巡抚王敬民揭示民间遵行保甲法[以上见天启三年（1623）《重修虔台志》卷十《事纪七》]。

到了清代,朝廷干脆直接下场指导乡村治理与道德建设。康熙九年（1670）十月,朝廷颁布圣谕:"朕今欲法古帝王,尚德缓刑,化民成俗,举凡敦孝弟以重人伦,笃宗族以昭雍睦,和乡党以息争讼,重农桑以足衣食,尚节俭以惜财用,隆学校以端士习,黜异端以崇正学,讲法律以儆愚顽,明礼让以厚风俗,务本业以定民志,训子弟以禁非为,息诬告以全良善,诫窝逃以免株连,完钱粮以省催科,联保甲以弭盗贼,解仇忿以重身命。以上诸条,作何训迪劝导,及作何责成内外文武该管各官,督率举行,尔部详察典制,定议以闻。"后称作"圣谕十六条"或"上谕十六条"。雍正继位后,对"上谕十六条"极为重视,逐条解释,形成万字的《圣谕广训》,于雍正二年（1724）颁行天下。并推行乡约制度,宣讲《圣谕广训》。雍正《钦颁州县事宜》中有"宣讲圣谕律条"的规定,要求农村遵照定例设立讲约所进行宣讲。雍年七年（1729）,严令全国遍设讲约所,"于举贡生内拣选老成者一人为约正,再选朴实谨守者三四人为值月,每月朔望,齐集乡之誉老里长及读之人,宣讲《圣谕广训》","约正值月果能化导督率,行至三年著有成效，督抚会同学臣，择其学行最优者俱送部引见。其诚实无过者量行旌异，以示鼓励。其不能董率怠惰废弛者，即加黜罚。如地方官不实力奉行者，该督抚据实参处"。

正是在官府的推动以及乡绅的配合下，族规家训逐渐成为宗族的标配。笔者所见长举村龚氏、刘氏、黄氏、曹氏、谢氏、丘氏、骆氏等姓氏谱牒，都将族规家训当作重要内容置于谱端。官府不仅通过官学教育、宣讲圣谕等手段实施教化，还利用氏族纂修谱牒的机会施加影响，在为各氏族谱牒作序时对宗族提出道德建设要求。如龚氏族谱有琼州知州王京序、安远县知县林有科序、安远县儒学教谕梁志猷序，黄氏族谱有长宁县儒学训导黄典序，曹氏族谱有长宁县知县王训序、长宁县儒学训导周朝昇序，骆氏族谱有程乡县儒学教谕骆贵聪序等，皆是例子。可以说，"礼仪下乡"的过程实际上是由官府所推动的。长举村各氏族旧谱，最早的纂修于明景泰三年（1452），最晚的纂修于民国三十五年（1945），时间跨度近五百年。龚氏、骆氏等明代谱牒文献已经失传，目前所见有清代龚氏《家规》五则，刘氏《家约》五则暨《八德》，黄氏《族规》八则，骆氏《家训》十则、《宗约》十则、《族法》八则，曹氏《家规》十六则，丘氏《家规》十则。这些族规家训不仅有具体的言行规范，还有触犯规训后的处罚矫正措施，文字虽异，繁简不一，所贯彻的都是"圣谕十六条"及《圣谕广训》的精神，是官方意志在乡规民约中的体现。

那么，这种持续数百年的教化，其成效到底如何呢？笔者梳理了长举村各姓氏族谱及地方史志档案文献，编纂了《长举村大事记》（见附录）。除了宋元时期资料稀少无法确定外，明清延至民国五百多年间，长举村没有发生过重大的负面事件。反而有不少正面的记载。比如《长宁县志》记载，明代龚汝键家贫教子，激劝儒风，官府授予冠带。龚万仁以优行选送府学，赏银牌纸笔。清初黄德新年高德劭，族戚推重之，公举乡饮大宾。而据谱牒及方志记载，自清康熙年间起，长举村以其优良的人文与自然环境吸引了曹氏、谢氏、骆氏、丘氏、何氏等十余个氏族前来附聚，连官宦之家的图合丘上嵩、丘上峰兄弟（丘上嵩曾任浙江永嘉县丞，丘上峰曾任直隶清丰知县）也来购地置产，后由丘上嵩子孙迁徙于此，于是有了圳头丘屋。长举村之出仕者，文官不爱钱，武将不怕死，忠孝节义，绵绵不绝。如清康熙间武将黄天栋知恩图报，出仕后捐赠田产给高山庵。在兴国崖石寨之战中，黄天栋身先士卒，率部夜袭，对战争的胜利起了关键性作用，其任江南京口镇标右营游击时敬重士夫，受到名士笪重光、张玉书的青睐。他旧伤复发仍坚守岗位，最终卒于任上，受到朝廷嘉奖荣封三代。清末民初，黄炳麟留学日本，参加同盟会，民国四年被孙中山任命为中华革命党长宁分部长。国民革命在广东兴起后，先后有黄兆英、黄建中、黄石、黄兆贞、刘星朗、黄兆丰等投身黄埔军校。苏区时期，有黄澄清、黄森芳、黄荣芳、黄佛佑、黄世光、刘接昌、刘祖森、刘立标、刘德伦、侯宗经、侯宗洪、丘国淋、龚常华等为革命捐躯。其中，黄兆贞，南昌志成中学毕业，文采斐然，有诗文见诸报刊，因痛感民族屡弱，毅然投军。昆仑关之役，其任三十六军某部营长，与倭寇鏖战不退，以身许国。黄石，字光华，黄埔军校毕业，任上校团长，率部与倭寇血战于尉氏、鄢陵，至身负重伤乃止。

旧时长举村族规整肃，民风淳朴，有仁里之美称，这并非虚言。明景泰三年（1452）程乡县教谕骆贵聪所撰谱序云："当入境之时，虽无礼乐文物之盛，庶有葛天无怀之风。且因其泉甘而土肥，里仁而俗美，由是渐摩焉。"万历四十七年（1619）安远县知县林有科为龚氏族谱作序时夸赞说："予欣承上命，忝职安邑，虽蕞尔难使无讼，其间缙绅先生与夫青青子衿，或族与族讼，或亲与亲构，虞芮质成之象比比然也。安邑有龚氏，六载间曾见一人干谒吾公庭者否？谅其族规严谨，主伯亚旅俱惇叙亲爱，贱恶无偏僻乃尔也。"

读谱牒碑刻契约文书，考族规家训掌故口碑。走村入户，访问耆老，知鳏寡孤独废疾皆有所养，良法肇始于明清；爱国敬业诚信友善，仁风曾存于昨日。古人尚且如此，今日乡村振兴，精神文明岂可缺席？

附：长举村族规家训摘录

龚氏家规

家之有规，犹国之有法也。国法取其严，治于既事；家规取其密，禁于未事。明白晓畅，词无尚乎艰深；纲纪伦常，行必归诸实践。率而由之，可为持身涉世之要，亦即尽性践行之阶也。

一、君臣之义（略）。

二、父子之亲，天性也。父无存不慈，特患子之有不孝。子事父母，惟当体父母之心以为心。如读书力求上进以求扬名显亲，耕田则竭力耕作以求千仓万箱，经商务须诚实而后可以营生。父母爱子之心无所不至，尤当保身节欲勿使有病以贻父母忧。处富厚则甘脂无缺，处贫穷则菽水承欢。尤宜和颜悦色，轻声下气，以得父母欢心。若有贫困而缺养，嫌老而多谇语，好货财轻妻子，不顾父母，甚至敢悖逆不孝，即当报明族正，鸣官颁法重究。

三、兄弟，手足也。人虽至愚，未有手与手相残、足与足相残者，以属在一体为知痒痛故也。为兄者务须友爱其弟，为弟者务须恭敬其兄。勿因小故而致参商，勿因妻子而乖骨肉。倘因事雀角不已，族长秉公劝息，或以理论之，或以情遣之，使其归于和睦可也。如有不遵，呈官究治。

四、夫妇，道之造端也。不得戾情，也不得溺情。何谓戾情？妇人往往狃于己之偏而不知自反，惟为夫者躬先倡率，事事导之以正。其或有不是处，不妨宽为包容，默俟自化。若任一时血气，偶不如意便恶言诟厉，势必恩谊疏隔，夫妻反目所由来矣。何谓溺情？夫妻闺房静好之地，易以狎昵，不节以礼，必将蹈人于谣言。其在女子之贤淑者可无他虑，若阴险之妇，一意奉承，百般献媚，为丈夫者渐入其彀中，始则渔其色，继而信其言，甚至离间骨肉，招尤朋友，一念溺情遂至于此，可不畏哉。

五、朋友有信，固也。而要以择交为先。日近于老成端谨之人，吾有不是处必直言告诫，受益自多。且不贪我钱，不要我吃，变故患难，事事可依。是与善人交，为天下第一大便宜处。若日近非人，不惟害我心术，损我品行，其设心处虑无非谋吾所有，诱之以声色，饵之以酒肉，势必致于抄败家业，故曰择交为先。

（摘自1996年12月《武陵堂龚氏族谱》第13—14页，原书节选如此）

黄氏族规

凡尊卑座次，照依本族分之所宜。不以富贵而骄贫贱，以侄而傲叔伯。有则改之，无则加勉。

凡同宗之人，必有富贵贫贱，未能均一，此是天之所命。宜念祖宗一脉而来，富贵者发救济之仁心，布饥寒之德泽，推其余补不足，守分安义，修身俟天，则宗族雍睦也。

凡同宗之人，有智愚贤不肖之殊，未免有过不及，异于贤智者，当以中也养不中，常教义礼廉耻之事，使其自知孝顺父母，尊敬长上，日相亲爱，皆能迁善，则仁让之风兴，礼仪之俗美，上下有伦，长幼有序，而彝伦厚矣。

　　凡族内子孙，有善不褒，有恶不贬，人无惩则大义难明，而或失守僭乱。倘有忤逆不孝，欺殴尊长，酗酒伤人，侮辱宗支，奸盗淫乱，瞒众隐匿，如有奸□，小则会族，大则送官，庶族永无丑恶。凡族中有孤寡无靠者，当念其一脉而来，生则调其衣食，死则备其棺葬，不忘其本，福有攸归也。

　　凡族内子孙务要勤俭，士农工商，各有一业，毋游手好闲，自取饥寒。

　　凡兴词相害，各房正要公言是非，勿得袖手旁观，且挑唆以致骨肉相残，破荡家产，非善族也。

　　凡族内男妇，远别嫌疑，各守礼法，授受不亲，毋得瞒宗昧祖而玷家声，切重戒之。

（摘自 1920 年黄氏抄谱）

刘氏家约

八德（附词）：

忠。忠尽于国，为人亦然。八德其首，三省其先。武中武穆，文中文仙。丹心不改，万古流传。

孝。百行之内，孝顺为先。晨昏定省，病药尝煎。慎终追远，必敬必虔。檐前点滴，孙子昭然。

仁。不残不暴，庶近乎仁。仁言仁闻，仁德仁心。推仁于物，普仁于民。由家而国，一视同仁。

爱。爱之为用，非损即益。声色货利，毋近万一。如漆如胶，邻里宗室。上扩而充，爱民而赤。

信。我自负人，非人负我。试鉴周幽，戏举烽火。遥著谎声，诸侯莫佐。人之为人，有信则可。

义。堂堂正路，惟义为是。慷慨廉节，浑罗一致。无形声价，昂昂奚似。晋楚厚爵，较逊其次。

和。未降雨泽，先调阴阳。不敦雍睦，曷以致祥。笃亲宗族，邻里靡戕。明明尧典，协和万邦。

平。不平世事，难禁则鸣。挽回妙剂，原则三平。平均平等，平允浑称。风行积极，海晏河清。

合族议定家约。国有法，所以征兆民；家有约，所以儆子弟。吾族人口由来众矣，虽多系纯良，亦恐有不法。兹合族特议定家约五条以资约束，计开于后：

一、不孝不弟、悖乱伤伦、不循礼义者，依律责罚。

二、无故戕害、不念宗脉或妄生事端、密计恃险凌人，依律责罚。

三、赋税乃国家之重务，递年如有不依时输纳者，可由族内绅耆从严责缴。

四、懒惰不务正业，如赌博、朝入暮出以为鼠窃穿窬者，访出责罚。

五、凡族中子弟平日务宜接受正大族长之教训，如听讲族谱及圣贤格言家训其他箴规等，以预免不法之行为，而养成优良之习惯。

（摘自 1946 年《寻邬埠子刘氏族谱》卷一）

骆氏家训

骆氏家训十则：

第一则　敦孝弟。孝弟之心，本乎天性。孩提知爱，稍长知敬。由此扩充，希贤希圣。修身齐家，克施有政。

第二则　崇忠义。忠义儒士，世所罕为。参天气慨，贯日心思。有典有则，无诈无欺。凛然千古，共仰风仪。

第三则　励廉节。世道昌明，廉节风行。士怀洁白，女矢坚贞。一个不苟，砥砺弥精。冰肌玉骨，竹帛垂名。

第四则　尊高年。自古高年，人皆仰慕。天厚栽培，帝隆眷顾。宜奉鸠杖，不负道路。耄耋期颐，独全秉赋。

第五则　尚有德。辅世长民，诚莫如德。修身践言，束身圭璧。行可为表，言可为则。端兹楷模，超然挺特。

第六则　贵有爵。爵有天人，各如位置。公卿大夫，忠信仁义。天爵能修，人爵自至。自古皆然，于今不异。

第七则　恤无告。鳏寡孤独，最足矜怜。命生不偶，气数非偏。穷民无告，仁政为先。但看西伯，厚泽绵绵。

第八则　端继嗣。我观继世，自古为昭。一时接续，千载宗桃。螟蛉体质，蜾蠃和调。承先启后，家乘名标。

第九则　重丧祭。慎终追远，典礼尤详。亲丧自致，碎肝裂肠。祖考如此，陈豆荐觞。尽诚尽敬，莫敢或忘。

第十则　勤职业。士农工商，职位攸分。居肆藏巾，读雪耕云。言诚于思，业精于勤。用兹垂训，勉厥前勋。

宗约：

一、戒忤逆。父母恩深，报之不足。服劳奉养，倾听约束。忤逆不孝，实为玷辱。生犯国法，死遭地狱。

二、慎婚姻。男婚女嫁，人道之基。良缘凤缔，秦晋芳规。佳偶匹配，朱陈令仪。幼年不慎，老来悔迟。

三、禁赌博。争牌掷骰，日贯夜缠。典当不足，贷借求填。产业卖尽，衣食不全。穷愁到老，有谁相怜。

四、儆游惰。业广惟勤，毋容少懈。苟且偷安，终身何赖。嬉戏懒惰，寸心宜戒。壮年不力，徒悲老迈。

五、摈邪术。异端邪术，犹如聚蝇。离经畔道，背乎准绳。诬民惑世，慎毋莫惩。为害甚大，摈绝弗兴。

六、绝奸淫。淫为恶首，奸亦攸同。见色起意，报在子孙。设谋用计，似刃杀人。如此二者，绝戒寸衷。

七、逐匪类。盗贼匪类，无所不为。无有廉耻，焉知礼仪。纵欲猖獗，肆行诈欺。当如除蔓，驱逐勿滋。

八、革会盟。有等党属，不为四民。吃斋拜佛，聚会结盟。专攻异端，妄想邪行。不知改革，罪恶非轻。

九、黜浮夸。浮华浪荡，异饰别装。言伪而辨，行僻而荒。自喜智能，人指轻狂。还淳归朴，慎勿夸张。

十、斥污贱。人无廉耻，无所不至。经书不读，礼仪荒稀。男或隶卒，女或娼妓。似此污贱，禽兽何异。

族法：

族内男女有嫡继庶三母之别所生，即当于本生母名下注明其子某名，后世知某氏所生也。

族内倘有无嗣而欲继立者，即当本姓为立，不论亲疏远近，的要一脉所传，先于生父名下开除，次于嗣父名下收入，毋得以叔立为侄、侄立为叔，昭穆无序，错乱彝伦。若异姓继入，宜审其义，庶免异姓混杂。

族中尊卑位次分有所归，不得移尊而就卑，居少而陵长，有则改之，无则加勉。

族中富贵贫贱难以相齐，此虽人受而实天命之也。不可恃富骄贫，倚贵欺贱，须知同宗共祖，休戚相关，缓急相济，以笃亲亲之谊。至若贫贱者，亦要志节自立，不可怨天尤人，无义无信，惟素位而行，修身以俟之，庶几于族有光也。

族中贫苦自有天命，安之可也。自古圣贤豪杰，皆从贫苦中来，是故贫不足耻，耻在无志。如果存心端正，励志有为，目下虽贫，安知后来不富，己身虽贫，安知子孙不富？若贫苦卑污为匪为盗，自干法纪，犯刑重诛，虽亲族莫能相保，切宜戒之。

族中男妇未免有智愚贤不肖之差，有过不及之弊，故贤智者当以中也养不中，才也养不才，教以父慈子孝、兄友弟恭，夫义妇顺之大伦以及尊君亲上、和邻睦族之巨典，而不终于愚不肖也。

族中倘有是非争斗，正是同室之斗，凡亲疏人等俱宜披发缨冠而往救之，或以情喻，或以理解，侃侃直言，嫌疑不避。毋得骨肉相残，视如秦越，贻笑亲朋也。

族中老幼大小各遵规法，毋得视为具文，自暴自弃，不列于人群也。格言皇皇，各宜懋勉。

（摘自 1913 年《长邑骆氏二修族谱》卷一）

曹氏家规

家规：

义方庭训，窦氏传五桂之芳；理正词严，石碏垂六逆之警。昔人家范，可法可程。仿而行之，不渝其则。示之孝弟忠信，要归于正；禁之骄奢淫佚，弗纳于邪。淑身淑世，由此而立志，凛遵家规。

孝弟当务。有子申言孝弟为行仁之本，盖孝则至爱所形，弟则至敬所著。子之于父母，怡色婉容，左右就养，曲体亲心，无违教训；弟之于兄长，同气连枝，友于宜笃，式好无尤，不致阋墙。将来移孝可以作忠，移顺可以事长，可不勉而务之。

祠墓当展。祠乃祖宗灵爽所式凭，墓乃祖宗体魄所藏息。禴祀蒸尝不徒循行故典，必加敬谨，祠墓如有损坏，亟宜修葺，此事死如事生、事亡如事存之道，族人所宜急讲者。

宗族当睦。宗族者，祖宗一脉相传也。虽支派蕃衍，莫非祖宗一体之遗。人能体此，则相接以礼，相联以情，融融乐易，大和翔洽，宗族焉有不睦。即间有争端，毋遽兴讼，鸣之户首族长绅耆，秉公理处，仍敦和好。倘逞强悍，好为健讼，族共攻之。是睦族之所宜急也。

名分当正。名分所在，称呼自有一定。如称伯叔及兄长止宜称其一字，称某伯某叔某兄，不敢称其全名。若自称则称侄某名、弟某名，宜称全名，所以示敬恭而不敢比以所尊也。庶几名分秩然，无犯分越礼之嫌矣。

仁贤当奖。知仁圣义，自昔周官并重。忠孝廉节，圣朝忧奖特隆。族中有品学兼优及节烈孝妇年至六旬以上矢志自必靡他，宜呈请旌奖以激励来者。

孤寡当恤。鳏寡孤独，穷无所告，仁政所必先及。诗云"哿矣富人，哀此茕独"，诚以孤寡之人顾影堪怜垂首丧气，不周给之，何以全生，必当悯恤调剂以延其性命。抑亦名节之所关也，宗族最宜讲而行之焉。

文课当严。古者造士，国有学、党有庠、术有序、家有塾，法已善矣。而必使之无弃材者，全赖父兄之培养，故孟子曰："中也养不中，才也养不才。"本此意严督子弟，每年一二次考其文艺，别其优劣，则子弟争自愧砺濯磨而文风自日上矣。

勤俭当崇。朱子云："一粥一饭当思来处不易，半丝半缕常念物力维艰。"勤而不俭则财流竭，俭而不勤则财源塞。男子以正业为务，量入为出，不可虚靡。女子以纺绩为生，荆衩裙布，不事华艳。如是则可长可久，克光前业。

闺门当肃。《礼》云："男女不同席，叔嫂不通问。"所以示别也。况男正位乎外，女正位乎内，圣有明训，故必教之礼以节性，教之义以防淫，勤织纤纫补缀，庶闺门肃而家道正矣。

国课当清。朝廷国课，务宜早完。勿致积欠，免得追呼。朱子云："国课早完，则囊橐无余自得至乐。"此治家格言也。倘有负欠，无分贵贱均干严例，最宜清之。

耕作当勤。《周礼·地官》所载田不耕者出二十五亩之征，所以国无游民也。况《礼》云："三年耕必有一年之食，九年耕必有三年之食。"盖谓耕三余一、耕九余三也。农有余粟，虽凶旱水溢，民无菜色，可不急务欤。

隶卒当禁。人生有正业，古人贩屦席织不乏显达。纵不能扬名显亲，亦当自食其力。至于充当隶卒，实为玷辱宗族，例载三代后始准应试。如是之人，上负祖父期望之意，下阻子孙上进之阶，倘有此等，不容入祠登坟，切宜禁止，毋稍宽恕。

赌博当惩。士农工商，各有正业可务，若舍正业而为赌博，罔昼罔夜，不惟荡产倾家，甚至盗窃抢骗亦无不为。族中必惩，以期改过，仍归正道。

横暴当遏。孝友睦姻任恤六行，具载《周官》。至不遵礼法以强凌弱，以众暴寡，恃血气，好争竞，借端抢夺，结党会盟，皆横暴之类。如是之人，通族必当严禁。先处家法，仍复怙终，鸣官究治。

奸淫当逐。奸淫一宗，有伤名教，大坏风俗，例载严明，务宜凛守。一有干犯，族法不容，当共攻之，当共逐之。

窃抢当攻。窃抢为族之蟊贼，国法森严，憝不知畏。小则乡里受欺，大则宗族害累。一有犯此，或被告发，族共攻之。

（摘自 1898 年《长邑黄塘曹氏四修族谱》卷一）

丘氏家训

家训十则：

子孙贵乎贤肖。贤肖子孙自能敦伦立纪，饬躬励行，见善则迁，有过必改，奚俟家庭之训、规例之陈哉。然天之生人，贤智常少，愚不肖常多。我丘姓族大人繁，而欲一其趋，端其行，则家规不可不设。立条例以为率循之的，亦修身行己之一助也。爰取其切于日用者著为家规十则，与我族众共励之。

一、敦孝弟。孝为百行之原，弟为五伦之重。人能善事父母善事兄长，自不至于犯上作乱，孝弟所以为仁之本。况亲其亲长其长而天下平，尧舜之道，孝弟而已矣。凡我宗族当教子弟以孝弟，为子者果能爱厥亲，为弟者果能敬厥长，将见爱敬成风，不仅邻里乡党称颂无穷，而族庭之间和气薰蒸，嘉祥毕集，福莫大焉。尚其勖诸。

二、敬祖先。万物本乎天，人本乎祖，而尊祖之道在于肃祠宇、虔祀事。祠宇者，先祖之灵爽依以为安，无论大小广狭，必其于肃穆洁净。至于祀事，所以尽追远报本之诚也。故每逢祀典，凡属予姓，务宜整肃衣冠，齐集赴祠，随班尽礼以重先祖。

三、睦宗族。同宗共族，以和睦为先。夫富贵贫贱智贤愚不肖，何族无之？抑思族姓虽远，自始祖视之，一人之身也。以一人之身，相传既久，岂可不和不睦者乎。故凡属同族，喜必相庆，忧相吊，德相劝，过相规。富贵不得欺贫贱，贫贱不得妒富贵。贤智所当敬而慕之，愚不肖尤当悯而教之。困乏相周济，急难相夫持。小忿相惩，大伦不乖。如此一族雍睦，门第谅必其昌大矣。

四、保坟墓。先人之坟墓，犹子孙之屋宇。屋宇敝漏，己身居之弗安；坟墓崩颓，祖骸筋之岂妥乎？而犹望其庇荫子孙，必不能矣。况墓崩不修，久则碑残字裂，奸豪生心以致冒占混争，连年结讼，往往有之。敬嘱同族，凡遇祖坟将颓者，众祖视为己祖，无力勉为，有力或更新，或整造，使窀穸常坚，碑字常明，既可安先人之遗骸，亦可杜豪强之侵占。尤不得希图厚利，妄信堪舆，盗卖偷葬。察出经族即革，或送官究治，以惩不肖之罪。

五、重丧祭。父母虽终，居丧不可不慎。慎则丧致其哀，凡附于身附于棺者，必谨必慎，勿致有悔焉。祖宗虽远，祭祀不可不诚。诚则祭思其敬，洁其粢盛，陈其鼎俎，此非"宗庙飨之，子孙保之"之谓欤？故先王重民五教，惟食丧祭礼之大者也。凡我同族，于父母三年之丧，能致其哀，则慎终之道尽。于祖考四时之祭，能思其敬，则追远之道尽。如是德归于厚，无愧于孝子仁人矣。

六、教诗书。族之子弟，资质虽有敏顽，皆当教以诗书。不读诗书，何由而知礼义？孟子曰："无礼无义，人役也。"如不吝啬钱文，既送从学，虽愚必明，不致礼义之荒荡，则其立身行己，必敬必恭，有廉有耻。况功名仕宦又皆从学业中来乎。凡我同族，无论贫富，能以诗书教子弟，斯为贤父兄耳。

七、务本业。人生不可一日无谋，男宜勤于耕，女宜勤于织。且观古诸侯竭力耕锄以供粢盛，诸侯且然，况庶民乎？夫人蚕巢以为衣服，夫人且然，况世妇乎？一夫不耕，犹恐或饥。一女不织，亦恐或寒，饥寒迫于身，放辟邪侈之心滋，仁义之德丧矣。夫三农固生九谷，而百工亦饬化八材。嫔妇固化治丝枲，而商贾亦阜通货贿，工商亦生人职业，皆当无怠无荒。由是生众为疾以开财之源，食时用礼以节财之流，室家岂有不溱溱乎？凡我族众，宜共勉之。

八、息争讼。居家戒争讼，讼则终凶，讼不可成，古有明训。抱不白之冤，此非得己者，外此。睚眦之嫌，细微之恨，可以情遣理恕，即加诸我，何妨犯而不校。每见世人小忿不忍，逞强以争，恃勇而斗，轻听讼师，禀官告府，连年不休，遂至倾家荡产。又有同室操戈，自相鱼肉，此愚极昏至者也。昔有诗曰："些小争差莫若休，何须经府与经州。费钱辛苦费茶酒，赢得猫儿卖了牛。"最可念诵。凡我族众，敬而听之。

九、戒赌博。诗曰："人生百艺可安身，赌博场中切莫亲。能使英雄为下贱，管教富贵作饥贫。"诗非止此四句，四句警人已切矣。盖人好赌，势必财尽注孤，倾家荡产而犹不已。夫产既空，廉耻不顾，流入匪类，聚党作奸，无所不至。岂知赌博乃朝廷之首禁，律法不容，倘经拿获，必严行究办，以浪子为非败坏风俗也。凡我同族，为父兄者当切戒其子弟各安生业，无效赌博，为子弟者体父兄之教，勉为正人，慎勿昏迷不醒，自干宪典，败众丧身，噬脐何及。

十、守律法。司寇掌邦禁，诘奸慝，刑暴乱，法律之设，所以治有罪也。有罪不可不讨，故明五刑以弼五教，唐虞亦不废。

凡我族众，幸生太平盛世，当为良善子弟，各遵父兄之教，务宜谨言慎行，谦恭接物。不得贱妨贵，少欺长，与夫好勇斗狠，作奸犯科，流入匪类，结交金凶。私宰赌博必戒，包揽健讼必戒，奸淫贼盗必戒。置身律法之外，自不罹文网之中，刑罚所不能加，科条亦可不惧。保全身体无忝者，乃称贤子孙哉。

（摘自2006年6月《中华丘氏大宗谱·江西寻乌分谱》第877—879页）

【作者简介】

刘承源，男，1966年生，江西寻乌人，高中学历，工人出身，主要从事古籍文献与地方史研究，先后参与明嘉靖《虔台续志》、天启《重修虔台志》、《正德兴宁志》、嘉靖《兴宁县志》、《赣州府志》（获第二十二届（2018年度）华东地区古籍优秀图书二等奖）、清康熙《长宁县志》、乾隆《长宁县志》、光绪《长宁县志》、道光《定南厅志》、清邱上峰《邱簃村诗全集》、民国邝摩汉《石谿词》、《民国乡土教材三种》、《长宁县志辑注》等古籍文献的整理工作。

论祖宗地主的成因与性质
——以长举黄氏文书为例

刘承源

"祖宗地主"是毛泽东《寻邬调查》的一个重要概念。在第四章《寻邬的旧有土地关系》中，毛泽东将地主分为"公共地主"和"个人地主"二种，"公共地主"又分为"祖宗地主""神道地主""政治地主"三种。

据《寻邬调查》记载，当时"公共地主"的土地（又叫"公田"）占总耕地面积的40%。其中，"祖宗地主"占"公共地主"的60%，占总耕地面积的24%。

然而，以《寻邬调查》为研究对象的学术、党史及理论研究文章数百上千，却未见有人专门讨论"祖宗地主"的成因与性质，反而有误解"祖宗地主"者。如《中国国情丛书——百县市经济社会调查：寻乌卷》（中国大百科全书出版社，1996年版）第46页在转述《寻邬调查》时说："占全县10%的地主富农拥有70%以上的土地。"明显误解《寻邬调查》，将"祖宗地主"等同于"个人地主"。如果"祖宗地主"与"个人地主"性质相同，《寻邬调查》亦没必要将其并列。故笔者以寻乌县文峰乡长举村黄氏契约文书为例，结合《寻邬调查》的记载，对"祖宗地主"的成因与性质进行分析，以就教于方家。

笔者所见长举村黄氏契约文书有两批。第一批是赣南师范大学朱忠飞博士所藏长举村黄氏围里屋场及岸岭屋场契约文书（以围里黄树华家族契约居多），其中有9份契约与"祖宗地主"相关：

同治十一年（1872）十二月，上坝村刘吐华将父置禾田一处以银十两的价格出卖给岸岭榜开公尝；

同治十一年（1872）十二月，黄甲龙将自己名下兴杰公新丁会会股以950文的价格转让给黄梅林；

光绪元年（1875）三月，黄福连以守经公新丁会为抵押借黄梅林稻谷契约；

光绪三年（1878）十一月，黄运发、黄锦发兄弟以每年早谷一桶的利息借兴杰公新丁会江钱六吊；

光绪十八年（1892）十月，瑶坑何世祥以银八两的价格将禾田一处出售给兴杰公尝；

民国九年（1920）二月，黄世衍以银十两九钱三厘的价格将禾田一处出典给岸岭屋场元群公尝；

民国十四年（1925）十二月，黄鼎先以每年租谷三桶的代价租赁兴杰公尝禾田一处；

民国三十四年（1945）二月，黄丙辛以国币三千元的价格将禾田二处退割给兴杰公尝；

民国三十五年（1946）三月，塘背黄传茂将守经公新公堂会一份出让给黄树华。

第二批是长举村民黄永光先生所藏围里屋场黄科成家族文书，其中与"祖宗地主"相关者有：

光绪十三年（1887）十二月，黄科成、黄琼林叔侄分关书；

民国十八年（1929）十二月，黄树勋、黄树森兄弟分关书（附琼仁公未分神会尝田簿一册）；

民国十九年（1930）六月，黄炳光、黄炳奎、黄冠洲、黄炳焕兄弟分关书。

第一批文书涉及的"祖宗地主"有5种：榜开公尝、兴杰公新丁会、兴杰公尝、元群公尝、守经公新公堂。

第二批文书记载的"祖宗地主"有16种（与前项重复者不计）：登堂公尝、上思公尝、守经公新丁会、祭祖会、罗陈二奶地会、地会、秋祭会、老秋祭会、冬至会、祭冬年新丁会、春分祭祖会、子礼公祭祖会、思浩公地会、老年会、琼仁公尝、琼琚公尝。

长举村黄氏肇基祖黄才盛于明洪武初年自兴国迁入，子礼公为第四世，思浩公为第五世，守经公为第八世，罗陈二奶为八廿祖妣，兴杰公为第十世（创建围里屋场），上思公为第十二廿，登堂公为第十六世，琼仁公、琼琚公为第十八世。榜开公与元群公属岸岭屋场，前者为第十一世，后者为第十四世。第十世以上为明代祖先，第十一世以下为清代及民国初年祖先。这些都属于有具体指向的"祖宗地主"。而祭祖会、地会、秋祭会、老秋祭会、冬至会、祭冬年会、春分祭祖会、老年会等，则属于指向不具体或指向较广的"祖宗地主"。

从长举村黄氏残存的契约文书看，各种"祖宗地主"有21种之多。诚如《寻乌调查》所言："寻乌公田多，成了各区普遍现象。各种公会多得很，祠堂里的公会如什么'公'什么'公'，差不多凡属死人，只要是有后的，而他的后又是有钱的，他的所谓后者必定从他们的家产中各家抽出一份替他立个公。这种凑份子立公的办法是什么姓都普遍采用的。凑成的份子一概是田地，不用现钱。再则那什么公还在时，他自己就留出田产立起公来，这一种比前一种更多。"

长举村黄氏"祖宗地主"分为公尝和会社两种形式。公尝（又叫公堂）因祖宗而起，或系祖先生前析产时所预留，或由后世子孙合力捐献而设置。会社则为宗族活动而设，或为祭祀先祖，或为庆贺添丁，或为优待老人。

对于"祖宗地主"的成因与性质，《寻乌调查》说得很清楚："当他那个祖宗还没有死，把家产分拆给儿子们的时候，为了怕他的子孙日后把分得的一点田产变卖了弄得没有饭吃，就从田产中挖出一部分不分，作为公田，永不变卖。一面有了他死后的祭费，一面呢，他的穷困的子孙便得了周济了，这叫做'留出后路'。他的子孙也很赞成这种办法，因为这就是为自己留出后路。凡那祖宗生前没有立起会的，祖宗死后，子孙们只要稍为富裕也必定为他立会，出名叫做祀祖，其实是为了自己。所以轮流收租名则是轮流替祖宗收租，实则是轮流替自己收租。"

所以，"祖宗地主"的设立，除了保证祭祀的费用外，主要的是用集体积累的方法防止子孙陷于赤贫,"祖宗地主"的本质是族裔共有的集体财产。只要是该祖先的后裔,无论富贵贫贱,都享有"祖宗地主"所产生的利益。因此,《中国国情丛书——百县市经济社会调查:寻乌卷》将其等同于"个人地主"是错误的。

黄永光所藏分关书中有三个设立公尝的实例。第一例是光绪十三年(1887)十二月黄科成、黄琼林叔侄分关书,将禾田、银利、鱼塘、房屋、会股等父遗财产分成三份,除黄科顺、黄科成兄弟各一份外,另一份拨作其父登堂公尝及学堂经费。其中登堂公尝含禾田9处、银利6笔、鱼塘1口、住房1间、牛栏1间、粪寮1间、会社5种5股。第二例是民国十八年(1929)十二月黄树勋、黄树森兄弟分关书,内中有"计租六桶作尝""计租一石作尝",这是为其父黄科仁所设立的公尝。第三例是民国十九年(1930)六月黄炳光、黄炳奎、黄冠洲、黄炳焕兄弟分关书,他们将财产分为五份,除兄弟四人各一份外,另一份拨作其父琼琚公尝。琼琚公尝含禾田3处计租11桶1杳(桶为旧时长举一带的计产方式,1桶折合6斗,4桶约合禾田1亩。又,旧时普遍流行对半租)、鱼塘1口、房屋1间、谷8斗、空地1块、会社10种11股。其中留作琼琚公尝的禾田占总数的32.46%,这是很惊人的比例。

随着时间的推移,子孙越来越多,"个人地主"的田地就会越分越少,《寻邬调查》云:"所谓'大份分小份',即由大中地主分成许多小地主。"到了近代,"个人地主"受到资本主义商品经济的冲击,破落速度加快。《寻邬调查》云:"为什么小地主阶级接受资本主义文化即民权主义的革命文化如此之迅速普遍，他们的革命要求与活动如此迫切与猛进呢？则完全是因为他们这阶级的大多数在经济上受资本主义侵蚀和政府机关（大中地主的）压榨（派款），破产得非常厉害的原故。"

而公尝在初期只承担春秋两祭的费用，普遍是有积余的。这种积余达到一定数量后，则购置田地用于出租。随着时间的推移，"祖宗地主"的土地就越积越多。《寻邬调查》云："公田一经成立，就年年收租。租除祭祖用费外，大概总是有多余的，便把它积蓄起来。积蓄的方式不是拿谷积蓄，而是拿钱积蓄，就是每年把多余的谷子粜给贫民，把钱积起来。积得若干年成一笔大款，便购买田地。如此下去，这一公的田地就渐渐地增多起来。"乃至形成"祖宗方面的土地，占全部土地的百分之二十四，占全部公田的百分之六十"的局面。

据《寻邬调查》记载，1930年"祖宗地主"占总耕地面积的24%，"个人地主"占总耕地面积的30%。而到了1949年土改前夕，公堂田（即"祖宗地主"）占总耕地面积的36.78%，包含地主、富农、小土地出租者、宗教职业者在内的"个人地主"占总耕地面积的25.11%（《寻乌农业志》第五章第二节《土地改革》所附《各阶层土改前后耕地占有变化情况表》）。兴衰变化之大，由此可见一斑。

那么，"祖宗地主"是怎样壮大的呢？长举村黄氏文书中有一些"祖宗地主"的经营实例。民国十四年（1925）十二月，围里屋场兴杰公尝将禾田一处，以每年缴纳稻谷三桶的价格租赁给黄鼎先耕种，这种土地出租是"祖宗地主"最基本的盈利方式。光绪三年（1877）十一月，兴杰公新丁会以每年早谷一桶的利息，将江钱六吊放贷给黄运发、黄锦发兄弟，放贷是"祖宗地主"的另一种盈利方式。同治十一年（1872）十二月，岸岭屋场榜开公尝以银十两的价格购买上坝村刘吐华兄弟禾田一处；光绪十八年（1892）十月，兴杰公会以银八两的价格购买瑶坑何世祥禾田一处；民国九年（1920）二月，岸岭屋场元群公尝以银十两九钱三厘的价格典买黄世衍禾田一处；民国三十四年（1945）二月，兴杰公尝以国币三千元的价格购买黄丙辛禾田二处。这四个例子反映了"祖宗地主"经过租赁、放贷积累财富后，继续购置田产的情况。

　　前面说了"祖宗地主"的本质是族裔共有的集体财产，那么它能给族众带来哪些利益呢？对此，在长举村黄氏契约文书中有所体现。先说宗族会社，凡祭祀、庆典等活动都有聚餐，聚餐之余还分发糍粑、粄子、豆腐、菜肴等食物，大型的活动还会瓜分猪肉。光绪十三年（1887）黄科成、黄琼林叔侄分关书提到的"胙肉""永远席"就是其中的一部分福利。因此，这种会股是有价值的，甚至可以用来抵押。如光绪元年（1875）三月，黄福连用自己名下守经公新丁会一份作为抵押，向黄梅林借早谷一石三斗。又如光绪三年（1877）十一月，黄运发、黄锦发兄弟以自己名下新丁会一份及粪寮一间作为抵押，向兴杰公新丁会借贷大江钱六吊。在黄氏文书中，还有将这种股权以一定的价格退让给他人的例子。如同治十一年（1872）十二月，黄甲龙将自己名下兴杰公新丁会股以 950 文的价格出退给本家黄梅林。民国三十五年（1946）三月，塘背黄传茂将守经公新公堂会一份出卖与围里黄树华名下，"过手换名，食席分肉，退卖人不敢吝食"。

再说公尝，与宗族会社相比，祖先公尝更具有普惠性。会社股份可以在宗族内部转让，出让之后便不再享有其福利。而公尝带有强制性，是不能抵押或变现的，只要这公尝还在，其后裔就永远能分享其中的利益。《寻乌调查》对"祖宗地主"给族众带来的利益有详细的描述："这积蓄增多的在全部款子中只占去一部分，还有一部分是由他的子孙均分了去。多半是子孙穷苦的多才主张分的，子孙富足的多呢，那便不主张分了。分是在什么时候呢？又是怎样一种分法呢？就是当那过年过节时候从祠堂里分谷分肉。男子都有分，女子没有分（有些族上寡妇有分），每人分得几斗谷、几斤肉。这种谷叫'红丁谷'。肉有四个项目：一是'胙肉'，从前是秀才、举人有功名的人分的，后头加上'毕业生'。二是'房股肉'，每房一份。三是'老人肉'，七十以上的人每人一份。四是'丁肉'，每个男子一份。分的次序：先分胙肉，次老人肉，因为这两种人是可贵重的，每人大概分一斤。次房股肉，每股十斤八斤的有，十多二十斤的也有，整的分出去，再零分与房众。为什么要分房股肉呢？这是一种斗争，房下人少的要分房股肉，房下人多的反对分房股肉，主张分丁肉。但结果各地多半是照了人数少的房份的意见分了房股肉。为什么少数对多数胜利呢？因为这种公的产业，原是各房都有平均的权利的。次分丁肉，不是每个公都有分，多数公是没有丁肉分的，这是因为公款不多，或是人太多了的原故。有少数公堂谷肉不是平分而是轮分，名义叫做'轮收'，又叫'管头'，轮流替祖宗收租的意思。租收了，每年开支一小部分在祖宗的祭祀上，大部分落在管头的荷包里，这并不算'吃油饼'，因为这样做正是公堂经济存在的根本原因。"

从长举村黄氏契约文书和《寻邬调查》的记载可以看出，"祖宗地主"的性质是宗族内部的公共积累，是明清延至民国时期的一种集体经济，其积累成果是由族裔共享的。而设立"祖宗地主"的目的，是为了防止子孙不肖陷入赤贫。当然，一个村落或宗族的土地大致是稳定的，公共积累多了，个人拥有的土地自然就少了，缺少土地的族众只能租赁公田，缴纳租谷。从黄氏契约文书看，绝大多数抵押、借贷、买卖都发生在宗族内部，形成了宗族内部的财富循环。从表面看，因为公共积累多，会导致族众收入减少，但这种减少不是绝对的，因为每个族众都从公共积累中受益。

《汉书·地理志》云："火耕水耨，渔猎山伐为业。……饮食还给，不忧冻饿，亦亡千金之家。"这种低水平的安稳是世世代代有远见的农民的追求，故而设立"祖宗地主"以抑制贫富差距。民国九年（1920）黄氏抄谱《族规》云："凡同宗之人，必有富贵贫贱，未能均一，此是天之所命。宜念祖宗一脉而来，富贵者发救济之仁心，布饥寒之德泽，推其余补不足，守分安义，修身俟天，则宗族雍睦也。"正是这种"推其余补不足"的办法，使得寻乌县没有出现过大规模的逃荒现象。民国十一年（1922）

吴宝田《过寻邬》诗夸赞云："百里花封置析迟，该当旭日始升旗。民因守朴稀艰食，山若过多觉掩奇。粤市驴来驮米去，闽边鸟语贩烟知。衣裳斟酌更裘葛，绝少严寒酷热时。"当然，这种"民因守朴稀艰食"是非常有限的，"祖宗地主"并不能真正做到庇护所有族众。

附：相关黄氏文书

1. 同治十一年（1872）十二月上坝村刘吐华出售禾田给长举围里黄榜开名下契约原文如下：

立绝卖契人长宁县北厢上坝村一都五甲刘明远户丁刘吐华，今有父置禾田一处，凭中出卖与共县一都一甲黄才盛户丁黄榜开名下管业，当日三面言议得受时价银十两正。并无重叠典卖抑勒准等情，如有来历不明，出卖人承当，不干买主之事。自卖之后，永无回赎增找。恐后无凭，立此绝卖契永远存照。

计开禾把二十把

坐落土名鹅子墩下路边禾田一丘，东北二至路为界，西南二至黄宅田为界，四至分明正。额粮一合六勺。

凭中：刘昌发

代笔：刘盛扬（画押）

同治十一年十二月日立绝卖契人：刘吐华（画押）

启辉（画押）

亦辉（画押）

2. 同治十一年（1872）十二月黄甲龙出让兴杰公会股与黄梅林契约原文如下：

立退字人甲龙，今因无钱使，自愿将自己名下本兴杰公新丁会□份，出退于本家梅林叔手管。当日三面言定，承退江钱九百五十文正，其钱及字，即日两交明白。自今出退之后，任承退人管业，退人□□□□生端异说。恐口无凭，立退字为据。

见人：相魁（画押）

代笔：桂□（画押）

同治十一年十二月卅日立退人：甲龙（画押）

3. 光绪元年（1875）三月黄福连借黄梅林稻谷契约原文如下：

立借字人福连，今来借到梅林兄手内早谷一石三斗正，当日二面言定，其谷行利加四算还，限至本年秋月本利一足完清，不敢缺少。如有缺少，即将自己名下守经公新丁会一份抵当。如有不清，任兄管业，不敢生端异说。恐口无凭，立借字为照。

在场：福成（画押）

见人：云林（画押）

代笔：科璠（画押）

光绪元年三月二十四日立借字人：前（画押）

4. 光绪三年（1877）十一月黄运发、黄锦发兄弟借贷兴杰公新丁会钱契约原文如下：

立借字人运发、锦发，今来借到兴杰公新丁会内科成、梅林、炳勋经理人手内大江钱六吊文正，当日二面言定其钱每年合纳银利早谷一桶正，限至秋冬一足量清，不敢缺少。如有缺少，即将自己名新丁一忿，又及屋背夫粪寮一间东至明安屋为界，南至菜园为界，西至相德屋为界，北至坪为界抵当。如有不清，任会管业，借人不敢生端异说。恐口无凭，立借字为照。

见人：

自笔：锦发（画押）

光绪三年十一月廿七日立借字人：运发（画押）

锦发（画押）

5. 光绪十八年（1892）十月瑶坑何世祥出售禾田给黄兴杰名下契约原文如下：

立绝卖契人长宁县北厢瑶坑一都九甲何有宝户丁世祥，今有自置禾田一处，凭中出卖与一都一甲黄才盛户丁兴杰名下管业。当日三面言议得受时值价银八两正。并无重叠典卖抑勒准折等情，如有来历不明，出卖人承当，不干买主之事。自卖之后，永无回赎增找。恐后无凭，立此绝卖契永远存照。

计开禾田十六把

坐落土名北厢长举罗背坑禾田一连三丘，东至黄宅田，南至黄宅田，西北二至山圳为界，四至分明正。额粮一合二勺八抄。

场见：罗庆贵（画押）

凭中：黄新春（画押）

自笔：男生发（画押）

光绪十八年十月日立绝卖契人：何世祥（画押）

6. 民国九年 （1920） 二月黄世衍出典给元群公名下契约原文如下：

立典契人寻邬县北厢长举一都一甲黄才盛户丁世衍，今有祖置禾田一处，凭中出典与共都共甲共户丁元群公名下管业。当日三面言议得受时值价银十两零九钱零三厘正。并无重叠典卖抑勒准折等情，如有来历不明，出卖人承当，不干典主之事。自典之后，言定随年收赎。恐后无凭，立典收执存照。

计开

坐落土名北厢长举园墩下禾田一丘计租一桶，东至世衍田为界，南至锦荣田为界，西至冲回公尝田为界，北至旦福尝田为界，四至分明正。

场见：

祖母林氏（画押）

凭中：桂清（画押）

代笔：龙□（画押）

民国九年二月廿七日立典契人：世衍（画押）

7. 民国十四年（1925）十二月黄鼎先赁耕黄兴杰公偿田契约原文如下：

立赁耕字人黄鼎先，今来赁到长举黄兴杰公尝内禾田一处，土名三水区岩胆石，禾田一连十八丘，其田界至内齐黄宅田，外齐河止。当日言定每年纳实租谷三桶足，丰荒无减，其谷早六番四，限至每年秋冬二次，过风精燥，交量明白，不敢缺少。如有缺少，任田主另批别佃，佃人不敢恃强霸耕。又一年转批。恐口无凭，立赁耕字为据。当付批礼钱九毫。

见人：竹莲（画押）

代笔：宾南（画押）

民国十四年十二月廿五日立赁耕字人：鼎先（画押）

8. 民国三十四年（1945）二月黄丙辛售田与兴杰公偿契约

原文如下：

立退割字人黄丙辛，今有祖置禾田二处，退割于兴杰公尝内永年管业。土名大竹园租谷二桶，又及寨塘坑租谷一桶。当日三面议定，出去价银国币三千元正。自退割之后永无收赎，受业人将田租谷过手受管，退割人不得反悔等情。如有来历不明，亦由退割人负责。恐口无凭，立退字为据。

在场：奕南（画押）

树华（画押）

凭中：佐泉（画押）

自笔：（画押）

中华民国三十四年二月廿六立退割字人：丙辛（画押）

9. 民国三十五年（1946）三月黄传茂出让守经公新公堂会股契约

原文如下：

立退卖字人北厢长举村塘背传茂，今因无钱，请中人自原即将名下守经公新公堂一份，退卖于黄树华名下管业。过手换名，食席分肉，退卖人不敢吝食等情，出退卖之后永不回赎。恐口无凭，立退卖字为据。

场见：忠洪（画押）

甲贵（画押）

凭中：步洲（画押）

自笔：（画押）

中华民国卅五年三月廿五日立退字人：黄传茂（画押）

10. 光绪十三年（1887）十二月黄琼林黄科成叔侄分关书

原文如下（案：括号内文字系后注，残缺者按每行字数补上□符号）：

光绪十三年季冬月立创业垂统

计开登堂公尝田银利鱼塘屋会列后

土名冢下收典刘昌明禾田计租九桶；土名麻田墈禾田计租四桶（此田系观音会田，每年要除早租三斛做会）；土名由子庙前禾田计租四桶；土名冢下收典长溪尾刘宅□□□□；土名寨塘坑禾田计足租□□□□□；土名大竹园禾田计足租□□□□□（以上二号田租科成叔名下赎出，银二十八两）；土名落黄寨及鹅子墩□□□□□桶一斛（此田系五显会田，每年□□□□一桶做会）；收买上思公禾田每年分足□□□□（三十一年十月买老虎岌地坟一穴芹居名下付去钱六吊文，此上思公禾田典□□□）；守经公新丁会银利五桶□□□□□□；龙海瑞海银利二桶（□□□□□□□□□琼瓓银利早一□□□□）；云林

银利五斗（完清，十九年完清）；春明银利三桶一杳（归科戌
□□）；收买祭祖会田每年分足租□□□□（内具登堂公名下四
斗）；科清银利一桶（归长曾孙□□□□）；奕先银利三杳（归长
孙琼□□□）;城头脑鱼塘一口;屋背埠学堂厅并正栋左右四间(比
学堂设为子孙会读，不许租放）；下檐正栋左边炳勋厨房屋一间（赎
回）；西头右边房屋一间；下檐正栋牛栏屋一间；禾坪头粪寮一间；
军功会一怂（纱帽椅十张、圆桌一张、茶几四张、架子床一张）；
六月十七永庆会一怂；五谷会一怂；转宫会一怂；枫树夹树子会
一怂；罗陈二奶地会一怂；

学田租谷银利列后

土名牛屎塘禾田计租三桶；土名上秧脚禾田计租□□；土名
山下排大路脚下禾田计租□□；松辉银利三桶（以上学租银利议
定文六程□□□收，新进者以作花红收租一年，仍□□分收，或
庠生不继，归于国学监生）。

（围被腕内钦洪登洪叔寿坟一穴归于□□管业）

福字股科顺名下管业

禾田银利列后：土名石墙子禾田二丘计租六桶一杳；土名
四十把四方丘及晒谷坪一丘计租共五桶；土名新塘里上丘一丘
计租三桶；土名湖角里下丘一桶□□；土名麻田坜菱角塘及罫
背□□□□□□□；土名枫树夹门口禾田计租□□□□；土名
围背一丘简边一丘新庙子上下二丘□□□□□；土名紫面山大
路脚下计租五桶（二都十甲杨成昌房户起至底）；春林银利七桶
□□□□□□□□□□□□□；石佑银利一桶□□；琼兰银利

一桶，借去足钱本七吊五百文；（光绪十六年登堂公赎回作尝田银利）明昆银利一桶，借去足钱本五吊□□□；科拔银利一桶，借去足钱本五吊□□□。

计开房屋（以老厨房作主推算界至）：新厅子楼上一连三间又□□□□□□；正栋右边第二间一连二间；花台墈上右边第六间一间；西头右边第十二间一间；右边收典福成厅子一连二间（价钱十六吊）；花台上左边第三间一间；花台上左边第七间一间；老厅子一进四间，又空地一块；正栋左边收典福成厅子一连二间（仓随屋）；左边门洞里空地一块；左边门洞里第三间一间；阶上园边一间；井头收买发春厅子一间；禾坪头内节一间；门洞里上间粪缸一间；门洞里粪缸一节（与金木连近）；禾坪头当头笼间一间；下屋右边秆寮一间；猪寮对间门一间；学堂下房屋左边一长间；学堂下左边粪缸空地一块；井头石桥子路边一间；正栋左边收典科蕃房屋一间。

计开神会：永兴会二忿；关爷会一忿；老陂长会一忿；地会一忿；桥会一忿；伯公会一忿；雅聚会三忿；三仙会二忿；秋祭会二忿；秋祭会四忿；老秋祭会二忿；六月初五三仙会一忿；真君会二忿；八月初三会三忿；仲兴会一忿；季兴会七忿；五显会二忿；观音会五忿；观音会一忿；关爷会一忿；十月初十日会二忿；五谷会一忿；冬至会三忿；祭冬年新丁会四忿；枫树夹子树子会一忿，又竹山下树子会□忿；守经公新丁会四忿；春分祭祖会三忿；子礼公永远席二位（永远胙二斤）；拦岗会永远席四位（永远胙二斤）；拦岗会三忿；诸天会一忿（此会换于科成管业）；罗陈二奶地会四忿;思浩公地会二忿;祭祖会一忿;四季神福会三忿;转宫会一忿。

禄字股科成名下管业

计开禾田银利:土名山下排圳边一丘及排子项一丘计租□□;土名四十把三角丘禾田计租五桶;土名四十把裤带丘及井头塘子一丘计租□□石三斗,又沙塘子圳头塘子及□□□□□□□;土名路边一小丘计租二斗□□□□□□□;土名新塘里下丘一丘计租□□□□□□□;土名湖角里塘肚一丘计租□□□□□□□;土名冢下及新庙子壁背麻□□□□□□□计租十二桶,并及圆墩下小河唇□□□□□;土名上秧脚一丘及菱角塘一丘□□□□□□;土名□□□□□□□□□□□;土名牛洞里禾田一丘计租一桶□□□□□;土名坝里禾田二丘计租一桶□□□□□□;土名鹅子墩禾田计租一桶□□□□□□;收买无名会足租一斗;收买地会足早租一斛;土名屋背埠园子禾田□□□□□□□□□;土名黄泥塘禾田汁租二桶□□□□□□□;土名冢下禾田计租六桶一杳□□□□□□□;水明银利四桶一杳(借去足钱本三十一吊光绪廿一年完清);石生银利二桶一杳(借去足钱十四吊七百文);梅林银利一桶(借去足钱本五吊四百文);河清银利一桶(借去足钱本五吊光绪廿□十二卅完来□□);水龙银利二桶(借去足钱十吊光绪廿二年完清);石庆银利四斗(借去足钱本三吊完清);富润银利四斗(借去足钱本二吊五百文完□)。

计开房屋（以新厨房作主推算界至）：新厅子楼下一连三间，又老厨房一间；花台上右边第五间一间（仓随屋）；花台上右边第八间一间；下檐右边收买桂长厅子一连二间；正栋左边第三间一间；花台上左边第九间一间；下檐右边收买科峰科常房屋一连二间；正栋左边第六间一间；右边正栋第五间厅子一间（仓随屋），又对面空地基一块；下檐左边收典二盛房屋一连二间；阶上秆寮一间；井头收典发春厨房一间；禾坪头外节一间；门洞里粪缸一间；禾坪头科蕃对面猪寮一间；下屋右边猪寮一间；下屋洞里内节一间；学堂下右边二间；下檐右边过路空地基一块；禾坪头粪寮一间。

计开神会：永兴会二忿；老陂长会一忿；地会一忿；桥会二忿；关爷会一忿；伯公会一忿；雅聚会二忿；三仙会三忿（所管明高一忿）；秋祭会三忿（所管顺华一忿）；老秋祭会一忿；六月初五会二忿（奕昌），六月初七退一忿（奕忠一忿）；真君会二忿；八月初三会二忿；季兴会六忿（十六年、廿年，又所管延□□□）；仲兴会二忿（十七年，又所管□□□□）；五显会二忿（孟兴水明所管）；五显会五忿；观音会五忿；观音会□忿；关爷会□忿；十月初十会二忿；五谷会一忿；冬至会二忿；祭冬年新丁会三忿；枫树夹树子会一忿，又承□□退□□；竹山下树子会七忿；守经公新丁会五忿；春分祭祖会三忿；子礼公祭祖会（永远席一位，永远胙一斤）；拦岗会（永远席二位，永远胙一斤）；老年会一忿；拦岗会三忿；（五位）五显会一忿（此会换于科顺管业）；罗陈二奶地会四忿（所管奕忠一忿，所管顺华一忿，又一忿）；思浩公地会三忿（奕忠所管一忿）；祭祖会一忿；四季神福会三忿；转宫会一忿。

在场房族：相福（画押）

汝梅（画押）

寿考（画押）

金台（画押）

登贵（画押）

科璠（画押）

代笔：侄文庠

作梅（画押）

光绪十三年季冬月吉旦立分关人：科成（画押）

琼林（画押）

11. 民国十八年（1929）十二月黄树勋、黄树森兄弟分关书（原件严重残缺）原文如下：

民国十八年十二月□创业垂统

琼仁公未分神会尝田：□□□新丁会一忿，各一半，树勋名下；□□会一忿，树森名下；□□□奶地会一忿，树森名下；兰岗会一忿，树勋名下；老拦岗会一忿席胙，树森名下；秋祭会一忿，树勋名下；思浩公地会一忿，树森名下；关爷会一忿，树勋名下；枫树夹树子会一忿，树森名下；四大仙神会一忿，树□名下；土名冢下禾田一大丘，计租六桶作尝，每年纳租谷三石，租不得缺少；城头脑禾田一丘，计租一石租作尝。

在场房族：作云（画押）

亦□（画押）

明煌（画押）

代笔：弟明德（画押）

枫树夹树子会一怂□□□；真君会一怂；日千借去银谷八斗，荒居抵完，地名大门左边门洞里粪缸一间。

树勋房副本一册（原件严重残缺）原文如下：

树勋　计开琼仁公未分神会尝田：守经公新丁会一分，归树勋管业；三仙会一怂，树森名下；罗陈二奶地会一怂，树森名下；新拦岗会一怂，树勋名下□□□

在场房族：□□（画押）

亦□（画押）

明煌（画押）

代笔：弟明德（画押）

计开禾田神会房屋：土名沙塘子禾田一连五丘，计租三桶，各□□；土名菱角塘禾田一丘，计租三桶；花台上……

12. 民国十九年（1930）六月黄炳光、黄炳奎、黄冠洲、黄炳焕兄弟分关书原文如下：

立分书兄弟炳光、炳奎、冠洲、炳焕四人，窃思我父早殁，家产未分，兄弟同炊已多年矣。今因各生儿女，食指日多，虽有祖业，恐难敷用，兹将先父所遗之业，抽出圳头及四丘坝各一丘共十桶为先父祀□，□□□□□其余田亩房屋及神会器用一切□□□□□□□，爰请戚族见证拈签分定，即日分□□□□□□

无异言，欲后有凭，爰立同二分书□□□□据。

在场房族：作云（画押）

亦□（画押）

明煌（画押）

代笔：弟明德（画押）

计开琼琚公尝田房屋神会

土名圳头一丘计租六桶一杳；土名四丘坝禾田一丘计租四桶；土名坳上禾田一丘计租一桶（此田归长孙培坤名下）；土名城头脑鱼塘一口（此塘已赎，在民国二十九年十□）；厅子左片房屋一间（此屋归长房炳光名下管业）；上思公进足谷八斗；粪缸及老祖左片众厨房之隔壁地基一块。未分神会开列：守经公新丁会一份；秋祭会一份；春分会一份；思浩公会一份；罗陈二奶一份；子礼公席胙一份；竹山下树子会二份；诸天会一份；真君会一份；肖木坑桥会一份。

文字股炳光名下田房会列后

实租：土名塘背禾田一丘计租三杳；土名古楼墈下禾田一丘计租一桶。典租：土名枧子丘禾田一丘计租三桶（炳光内分二桶）。神会开列：守经公新丁会一份；伯公会一份；思浩公会一份；罗陈二奶会一份；祭冬年会一份；季兴会一份。一花台墈上左片刷房一间；一学堂下粪寮一间。

行字股炳奎名下田房会列后

实租：土名黄泥塘禾田大小一共四丘计租二桶；土名晒谷坪子上墈一小丘计租一杳。典租：土名大路下禾田一丘计租三桶（炳奎内分一桶）；土名城头脑禾田一丘租一桶。厅子右片房屋一间及街上寮屋一间。神会开列：守经公新丁会一份；关爷会一份；枫树夹树子会一份；罗陈二奶会一份；地会一份；季兴会一份。

忠字股冠洲立嗣之子培坤名下管业田屋神会列后

实租：土名新庙子塸上禾田一丘计租三桶。典租：土名枧子丘禾田一丘计租三桶（培坤内分一桶）；土名山下排禾田一丘计租一桶。花台塸上左片房屋一间（即銮松现做厅子之屋一间）；沙子坪左片房屋一间（即现做仓屋的）；禾坪头猪寮子一间。神会开列：永兴会一份；矮塘桥会一份；思浩公会一份；罗陈二奶会一份；祭冬年会一份；拦岗会席胙一份（即后一日）。

信字股炳焕名下田屋神会开列

实租：土名沙塘子禾田二丘计租三桶。典租：土名大路下禾田一丘计租三桶（炳焕内分二桶）。中厅子一间；花台塸上左片房屋一间（即琼璋做厅子之隔壁一间）。神会开列：守经公新丁会一份；六月六日会一份；枫树夹树子会一份；罗陈二奶会一份；塘背关爷会一份；孟兴会一份。

试释长举村黄氏文书之会社

刘承源

　　长举村黄氏契约文书经笔者誊录公布后，因为能与《寻邬调查》"祖宗地主""神道地主"的记载相互印证，引起不少读者的兴趣。对文书中名目繁多的会社，读者既惊喜又疑惑。因为自20世纪50年代没收会田会款禁止活动迄今已经70余年，长举村民也同样茫然。笔者以自己有限的知识，对这些会社的性质作一些解释，请读者不吝赐教，批评指正。

　　长举黄氏契约文书集中记载会社的，是光绪十三年（1887）黄科顺、黄科成兄弟分关书，民国十八年（1929）黄树勋、黄树森兄弟分关书，民国十九年（1930）黄炳光、黄炳奎、黄冠洲、黄炳焕兄弟分关书。其他契约文书中也有会社出租禾田、购置禾田、现金放贷，以及抵押和出让会社股份的零星记载。因为这些文书都是宗族内部所订立的，对会社的名称书写非常简洁。又因为涉及利益，对同一会社不同时段活动的权益都一一载明，比较琐碎。加上三份分关书都已经残破，不容易区分归类和统计。笔者粗略统计了一下，按文书区分权益的记载大约有五六十种，归并之后有四十余种。其中数量最多的是宗族会社，大约有二三十种；其次是神道会社，大约有二十种；再次是涉及交通、水利、山林等公共事业会社，大约有六七种。

会社与公尝（又叫公堂）不同，公尝因祖宗而起，或系祖先生前析产时所预留，或由后世子孙合力所设置。公尝具有普惠性，只要是该祖先的后裔，都有权享受其中的利益，不能抵押，不能出让。会社则是专门为某项活动而设置的，或为祭祀先祖，或为庆贺添丁，或为优待老人，或为教育科举，或为祈福酬神，或为保障交通，或为兴修水利，或为管理山林，或为经济互助（详见《寻邬调查》第四章第八节"打会"），涵盖面比较广，虽然以宗族和村落为核心，但必要时会超越宗族和村落的范围。长举黄氏文书所记载会社，大致可分为公共事务会社、神道会社和宗族会社三大类。与公尝不同，这种会社股权是可以抵押或出让变现的。

一、公共事务会社

黄氏文书所记载公共事务会社有桥会、矮塘桥会、肖木坑桥会，陂长会、老陂长会，枫树夹子树子会、竹山下树子会。

对于桥会，《寻邬调查》云："不但大桥、长桥有会，村落小桥也往往有会。有会就有田，都是地主、商人捐起的，目的是修理桥梁。起始钱少，逐年放债堆积起来成了大数，置买田地。每年十二月算数、敬桥神，名之曰'做桥会'，捐主都来吃一餐，吃了之后还分猪肉，所以桥会实在是个剥削机关。桥会大的有八千元，田产每年收租五百石，那就是留车的浮桥。小的有二三石租的，乃是很小的小桥。"在寻乌传统风俗中，"修桥施路"是行善积德的主要方式，所以桥会多是富户自愿成立的，一般不句受益者摊派。矮塘在长举村西北部，为曹氏聚居地，发源于三标乡大竹园水经富福山流入矮塘，然后穿过圳头长举之间汇入马蹄江。肖木坑在长举之南，旧属北厢罗坝村，为骆氏聚居地。肖木坑桥疑即《长宁县志》所载罗家桥，桥梁跨越马蹄江，系长举村一带民众赴澄江圩的必经之路。从矮塘、肖木坑两例可以看出，桥会是以受益范围来组织的，常常超出宗族和村落的藩篱。

关于陂长会，《寻邬调查》没有记载，而是把"作陂开圳"事务放在"社坛"之内了，可见当时寻乌各村落情况有所不同。长举黄氏陂长会有新旧之分，应当是旧会成立时间较早，旧有陂圳不能灌溉后来新增农地，故有新陂长会之设。陂长会与桥会有异，多是发起者向各受益农户摊派成立的，除非不使用该灌溉设施，否则难以拒绝。大凡成立了陂长会的，其灌溉范围较大，会底资金较足，都置有田产赡会。因此，桥会虽然是议事机构，但兼有经济组织性质。

长举黄氏文书中的树子会，在《寻邬调查》中称为"禁长"，而且没有会社："山地则因其生产力小，通常一姓的山（一姓住在一村），都管在公堂之手，周围五六里以内，用的公禁公采制度。所谓'公禁'者，不但禁止买卖，而且绝对地禁止自由采伐。除非死了人，'倒条把子树搭墓棚'，才得许可。为公共利益使用，如作陂，开圳，修桥梁，那是可以的。除此以外，只有定期开山，蔗基三年两开，树木两年一开。由'禁长'召集本村同姓人等到场议定开山日期。到期，每家出一工，到山采伐，所得蔗基或树卡（开树木山又叫落卡，即砍树枝）共同分配。也有按山林生产情况分成若干小块，召集公众到场拈阄，然后按所分地段各自去采的。以上是家族主义的山林'共产'制度。还有地方主义的山林'共产'制度。多半以村为单位，由村内各姓人等公举禁长。严禁私采，定期开山等等，都与家族'共产'的山林一样。禁长三个起码，多的到十多个，依村落大小山林广狭而定，以五六个为最普通。禁长均由选举，任期不定，有一年换两回的，有四五年不换的，全看他尽职不尽职。凡做禁长的都要铁面无私，公公道道……若是禁长不能维持，大家又乱砍乱伐不顾公益的时候，就要'暖禁'（唤起大家注意，恢复从前规矩，叫做'暖禁'。疏忽神明，重新致敬，叫做'暖神'或曰'暖福'）。禁长们每年召开禁山会议一次，一切关于禁山的规矩都是由这种会定出来的。禁山会临时召集的多，也有'有底子'的。开禁山会的那天，不但禁长们到，而且那个范围内每家都到一人，每人自带酒饭，另外出一毛子或半毛子买菜，并买'敬伯公'（'伯公'就是杨大伯公，什么地方都有，每个树头下，田塍下，山坳上，什么地方都有他）的香纸。"（见《寻邬调查》第四章第七节《山林制度》）树子会与"禁长"在对山林的管理方面是差不多的，但"禁长"没有设会，也就没有会田会款，而树子会是有的。树子会所管理的是宗族或村落共有自然林、薪炭林，不包括私人所有之用材林、经济林。

二、神道会社

黄氏文书所记载神道会社有观音会、关爷会、塘背关爷会、真君会、伯公会、五谷会、五显会、转宫会、四季神福会、三仙会、六月初五三仙会、六月六日会、四大仙神会、诸天会、六月初七会、六月十七会、八月初三会等。

观音会有两处，在黄氏分关书中用繁体和俗体（即简体）加以区分。对应的应当是本村高山庵和观音庵，是为观世音菩萨诞生日、成道日、涅槃日举办佛事活动而设立的。但观音会的发起与管理均与寺庵僧尼无关，而是由寺庵施主们捐资成立并操持的。发起者叫做缘首，缘首们组成观音会，负责经营资产和举办活动，僧尼只能在活动中配合做佛事。会社宗教活动，寻乌方言称之为"做会""做会景"，除了在神坛前祭拜祈福之外，较大型的活动中往往会抬着偶像在村落中游行，寓意给民众赐福。

关爷会也有两处，在黄氏分关书中用繁体和俗体加以区分。其中一处在长举村塘背，另一处可能在五显庙内，寻乌民众常常将不同派系的神祇放在一起供奉。《长宁县志》和长举村民间文献均未提及村内有关公庙，塘背关公应当只是简单的神坛。无关公庙而有两处关爷会，透露出信仰与逐利的失衡。

同样，《长宁县志》和长举村民间文献均未提及村内有真君庙，应当只是简单的神坛。许真君是治水大神，长举村濒临马蹄江，还有穿村而过的圳头溪，所以供奉真君。

伯公信仰是土地神信仰的延伸，城池有社稷坛，村庄有社官坛，村庄之内的不同地段，往往有伯公坛。社官及伯公坛位都设置在大树底下。长举村有多个姓氏十余个屋场，黄氏文书中的伯公会当是黄氏专属的。

五谷会，应当是为祭拜五谷神而设立的，但不清楚有没有神坛。

据村民介绍，长举村五显庙建于明崇祯年间，供奉五显大帝，又叫霞光庙。黄氏文书中与五显庙有关的会社有五显会、转宫会、四季神福会。其中五显会于九月二十八圣诞日举办庙会，是长举村规模最大的会景活动。四季神福会是为春夏秋冬四季去五显庙祈福而设立的。出宫、转宫是庙会活动中神祇出巡的别称，转宫会应是专为九月二十八五显大帝出巡活动而设立的会社。

闽西、赣南接壤地区流行仙师信仰，有三仙、四仙、郭公三仙等不同说法。有的叫做仙师庙，有的叫三仙庙，有的叫四大仙神庙。长举黄氏文书中有三仙会、六月初五三仙会、六月六日会、四大仙神会，都与仙师信仰有关。其中六月六日会是为张仙师诞日而设的。由于没有见到龚氏、黄氏老谱，无法判断旧时长举村有没有仙师庙。

黄氏文书中的诸天会，应当是为高山庵内正月拜诸天佛事而设立的。六月初七会，应当是为玉皇大帝成道日开天门拜天公活动而设立的。六月十七会，则应当是为高山庵、观音庵在观世音菩萨成道日做法会设立的，成道日在六月十九，六月十七是法会第一天。八月初三会是为灶君诞日而设的。

光绪十三年（1887）黄科顺、黄科成分关书提及"收买无名会足租一斗"，这无名会应当是宗族厉坛会社，在立夏前祭祀本族鳏寡孤独无后裔之孤魂。长举鸭子墩谢氏，其祖地南厢黄龙坳村就有厉坛祭祀的风俗。

黄氏文书中还有不明所指的永庆会、永兴会、老拦岗会、新拦岗会、十月初十日会，也应当属于神道会社。旧时寻乌有拦社民俗是为了驱赶水鬼，拦岗会或许与此有关。

关于神道会社，《寻邬调查》有比较详细的记载："神道地主即神、坛、社、庙、寺、观六种。'神'是指的各种各色的神，许多都有会，如赵公会、观音会、关爷会、大神会、真君会、婆太会、赖爷会、公王会、伯公会、文昌会等等，都是没有庙的。还有一种醮会，祈神之用，也属这一类。在上述的各种神内有一部分是立了'坛'的。坛是立起一块石头，有的几块石头垒成一个小屋，那里面藏着好灵验的神呀，因此叫做坛。不论神、坛，凡有会都有公田，出钱弄这种神会的通通是富农地主。神会的产业百分之九十五是田地，百分之五是谷子和钱。这种田、谷、钱，叫做'会底'。目的：一是为神，因为神能保佑他们人畜清泰，财丁兴旺；二是吃东西，神诞那一天吃一顿，过年过节还有肉分，但要斗了份子的才有吃有分。斗过份子后来穷了的，有顶退份子的办法，譬如每份是五块钱会底，人家就出五块钱给他顶了去，他就算是退出了会。'社'是与'神坛'有别的一种'社坛'，每个村子有一个，即使那个村子只有三家人，也有个社坛。为什么要社坛？保佑禾苗没有虫子食、牛猪六畜不至于遭瘟，保佑人门得到康健。每个社都有会，二月起，十月止，每月都开会，会期普通是初二，有些地方是十六。开会那天，同社的人每家来一个，

不分贫富，一概有份，杀猪买酒，大吃一顿。吃过之后，开堂议事，
作陂开圳呀，禁六畜伤害禾苗呀，禁胡乱砍伐山林竹木呀，条规
不一，议论纷纷，也没有什么主席，也不要什么记录。虽然乱讲
一顿，却有一种自然的秩序。就是当那所谓'老前辈'或所谓'更
懂事的'讲得更公道的时候，大家都说他的话'讲得好'，就是
这样子成了决议。这种社是群众的，虽然也信神，却与地主富农
的神坛完全两样。这种社的会议是农民作主，不是豪绅作主，也
不完全是富农作主，是大家来而'更公道'的人的话为大家所信
仰，这个人就作了无形的主席。社坛有公堂的最少，大多数是每
月初二开会（要敬神）时候大家斗钱，每人每次二毛、三毛至四
毛，不来吃的不出。再讲到'庙'。庙是有屋子，而屋子里面有
菩萨的。庙有个庙祝，土名叫做'庙老'，是个老头子，服侍菩萨，
招扶香灯。庙多少有庙田，也有无田的庙。有庙田的，庙老吃庙
田的租，无庙田的，庙老伙食从群众中捐钱谷。庙有城隍庙、关
帝庙、三官庙、三圣宫、赖老庙、龙王庙、关岳庙、杨公庙、东
岳庙、江东庙等等。庙的性质，是所谓'有功德于民则祀之'的
意思。神坛是地主需要的，社坛是农民需要的，庙是地主、农民
共同需要的。庙的田产很少，租入不够香纸费及庙老用，所以不
是严重剥削所在。'寺'则完全不同，它是和尚的巢穴，是剥削
厉害的地方。寺产都是大地主'施'出的，施了田的大地主，叫
做'施主'。大地主为什么施田地给和尚呢？因为佛教是大地主
阶级利用的宗教，大地主为了'修子修孙修自己'，所以施田给
和尚。五福庵、回龙寺、正觉寺、观音阁、东笔山、大悲阁、鹅

湖庵、西竹山、天台山、狮子岩、三角崇、角公岩、法华庵、西华山、南阳山、梵慧寺、甘露寺、九龙山，都是城区附近的和尚寺。道士斋公的叫做'观'，则有云盖崇、大山里、川塘坑等等。观的田产的来源和剥削的状况，与寺无二样。总计神道方面（神、坛、社、庙、寺、观）的土地，占全部土地的百分之八，占全部公田的百分之二十。"

三、宗族会社

长举黄氏文书中数量最多的是宗族会社，宗族会社又分为祖先会社和福利会社。祖先会社的名义是祭祀，但实际上祭祀只是会社事务的一小部分，会社大部分精力则用于经营财富。

长举黄氏文书中指向明确的祖先会社有：远祖之孟兴会、仲兴会、季兴会；长举黄氏四世祖子礼公会、子礼公祭祖会；五世祖思浩公地会；八世祖守经公新公堂会、八世祖妣罗陈二奶地会；十世祖兴杰公会。江夏黄氏奉东汉黄香为始祖，黄香九世孙有伯兴、孟兴、仲兴、叔兴、季兴五兄弟，孟兴会、仲兴会、季兴会或许是为了祭祀其中三位。

指向不明确的祖先会社有：祭祖会、春分祭祖会、秋祭会、老秋祭会、冬年会、祭冬年会、冬至会、地会等。

黄氏文书中还有宗族福利会社，如守经公新丁会、兴杰公新丁会、祭冬年新丁会、雅聚会、军功会、老年会等。

许多地方的新丁会是每年年末由添丁家庭凑钱举办的，而长举黄氏应当是从守经公尝、兴杰公尝中出资举办的，因此是一种福利。

雅聚会应当是科举教育的产物，是由公尝或学田提供经费的。光绪十三年（1887）黄科顺、黄科成兄弟分关书中就有"以上学租银利议定文六程□□□收，新进者以作花红收租一年，仍□□分收，或庠生不继，归于国学监生"的记载。

军功会应当是黄氏行伍子弟及富户中捐纳军功者所组织的会社。长举黄氏在明代开始就以军功起家，族中武官甚多，清末洪杨之乱，朝廷开放助军捐饷给予军功，因此拥有军功者更多。光绪十三年黄科顺、黄科成兄弟分关书记载军功会有纱帽椅十张、圆桌一张、茶几四张、架子床一张。

老年会应当是为了优待老人，从公尝中拨款设立的。

宗族会社以及公尝在《寻邬调查》中称之为"祖宗地主"，笔者在《论"祖宗地主"的成因及性质——以长举黄氏文书为例》一文中已经论述，这里不再重复。

寻乌寺庵的所有权与管理权
——以长举村高山庵、观音庵为例

刘承源

　　高山庵、观音庵均在寻乌县文峰乡长举村境内。乾隆十四年
（1749）《长宁县志》卷一《寺观》云："高山庵在县北十里，冈
峦逶迤，千松挺立，翠竹吟风，境甚超旷。"咸丰十一年（1861）
《长宁县志》卷三《寺庵志》云："观音庵在县北五里。吴之章《晚
步》诗云：'夕照收松径，枯筇独自支。暗泉穿石厉，幽鸟入山迟。
犬吠樵人过，僧归犊子随。苍茫回野步，岚气湿须眉。'"

　　今二庵均已无存。高山庵旧址已兴建福慧寺，观音庵旧址在
大集体时期开垦为农田，后又荒废，今为荆棘茅草所覆盖。据村
民回忆，民国末年有盗贼出没，观音庵僧尼遂避居高山庵。1949
年后，僧尼返俗，二庵均弃废。不久因建小学缺少材料，遂将二
庵拆除，前些年有村民发现原长举小学瓦片上刻有"佛"字。后
因兴建化工厂，村民遂挖空二庵墙基取砖，卖给化工厂，土坯砖
则用于肥田。故今高山庵、观音庵旧址已无旧建筑痕迹。

　　观音庵始建于明洪武二年（1369）。据1996年12月八修《龚

氏族谱》第47—48页记载："福善次子秀泮，号朝贵，妻李氏。四十二岁而未生育，遂于洪武二年己酉岁在观音山捐建庵堂一所，塑观音一尊，施禾田一百把永赡佛门，招僧悬影奉祀香灯。后于四十六岁生一子，乳名观音保，取字添府，号顺和。康熙四十三年（1704）甲申，霖雨逾月，佛堂将颓，僧亿庵叩题复旺户，合族商议，以朝贵公公堂银三十两重修维新。"

高山庵始建于清顺治九年（1652）。2005年福慧寺大殿施工时清理出半截残碑，经过辨识是雍正十一年（1733）十一月所立。残碑录有四篇碑文，第一篇是康熙八年（1669）冬所书，记载高山庵的由来和重修经过。第二篇是康熙五十九年（1720）七月所书，记载黄天栋施田的由来及施主争端。第三篇时间不明，记载高山庵禾田、木梓、食茶等产业的地点、面积及由来，有龚氏、黄氏、刘氏、谢氏、曹氏、范氏、郭氏、李氏等人名。第四篇是雍正十一年（1733）十一月所书，记载某姓五星、六星、七星兄弟三人捐资维修庵堂及塑造佛像之事，有汪氏、丘氏人名。在第四篇碑文之后，又有僧明度、明淑（行密和尚之徒孙）之附刻，记载赎回禾田之事。

根据谱牒和碑刻的记载，观音庵、高山庵所在山场均属龚氏所有。观音庵由龚氏先祖朝贵公独资兴建，招僧奉祀香灯，故圳头龚氏为观音庵最初的施主家族。高山庵则是龚氏子弟行密和尚道场，他于清顺治九年（1652）在此结茅修行。至康熙八年（1669），本村龚氏及黄氏、刘氏、汪氏等捐资为行密和尚兴建寺庵。雍正年间，本村谢氏、曹氏、范氏、丘氏也参与供奉，故高山庵系村落共有的寺庵。

高山庵残碑第二部分是康熙五十九年（1720）黄天栋之子黄上琉所立碑文，民国九年（1920）抄本黄氏族谱录有此碑文。据碑文记载，行密和尚曾有恩于黄天栋，当黄天栋功成名就后，于康熙十五年（1676）施舍禾田报答和尚。到黄天栋与行密和尚都已去世的康熙五十四年（1715），黄天栋之侄在黄天栋施田碑上添刻自己的名字，争夺施主身份。黄天栋之子黄上琉不服，遂控诸官府。虽然黄上琉捐有候补同知功名，但官司并不顺遂：康熙五十四年（1715）由赣州府同知高成龄代理长宁县事，五十五年（1716）由宋儒任接任知县，五十七年（1718）由会昌县知县黄鹤代理长宁县事，在这三位知县任上，黄上琉都没有得到所期待的判决。于是，黄上琉又向分巡赣南道章履成、赣州府知府黄汝铨控诉。五十七年（1718）六月，顺天府大兴县籍进士邵锦江接任长宁知县，受理该案后作出判决："此田实系栋公夫妇所施，僧有割粮印契可据，应令僧林材划去后添余名，仍镌栋公谢氏夫人碑记。"

黄天栋之侄在施田碑上添刻自己的名字，为何会让寺僧和黄上琉如此恼火不依不饶呢？这就涉及旧时寻乌寺庵的特色。旧时寻乌寺庵，绝大多数是家族或村落所共有的，也就是子孙庙。僧团自主的十方丛林只有城东大悲阁、南厢普济寺等几处。家族或村落所共有的子孙庙，其山林土地以及建设资金、维修资金，全部由家族或村落提供，他们是施主，拥有所有权，而寺僧是由家族或村落招揽来的，只有管理权。寺庵所在山场业主，俗称山东施主，山东是山林东主的简称，在施主之中权力最大。黄天栋之侄所争夺的，正是施主身份以及施主身份所带来的利益。

那么，寺庵施主有哪些利益呢？首先，寻乌民众的信仰是偶像信仰，而且是将偶像具体化的信仰。比如长举村民信仰观世音菩萨，他们认为只有本村高山庵里的那尊塑像才是灵验的，跑到县城观音阁去膜拜则会逊色许多。如果高山庵里旧塑像被人盗走，重新雕刻，他们也会认为没那么灵验了。基于这种信仰特征，民众需要有自己的寺庵，自己做寺庵的施主。其次，旧时寻乌的神坛庙宇，凡是耗资较大的活动都有神会，成立神会时众人捐资置产，用资产所生利息举办活动。其中的利益，《寻邬调查》说得很清楚："神道地主即神、坛、社、庙、寺、观六种。'神'是指的各种各色的神，许多都有会，如赵公会、观音会、关爷会、大神会、真君会、婆太会、赖爷会、公王会、伯公会、文昌会等等，都是没有庙的。还有一种醮会，祈神之用，也属这一类。在上述的各种神内有一部分是立了坛的。坛是立起一块石头，有的几块石头垒成一个小屋，那里面藏着好灵验的神呀，因此叫做坛。不论神、坛，凡有会都有公田，出钱弄这种神会的通通是富农地主。神会的产业百分之九十五是田地，百分之五是谷子和钱。这种田、谷、钱，叫做会底。目的一是为神，因为神能保佑他们人畜清泰，财丁兴旺；二是吃东西，神诞那一天吃一顿，过年过节还有肉分，但要斗了份子的才有吃有分。斗过份子后来穷了的，有顶退份子的办法，譬如每份是五块钱会底，人家就出五块钱给他'顶'了去，他就算是'退'出了会。"长举村高山庵、观音庵也是如此。

据高山庵残碑第三篇记载：雍正十一年（1733）十一月，高山庵维修并重塑佛像，众议每位施主"每年二月十九，只许三人赴会，不许多拥争论"。二月十九是纪念观音菩萨诞日的高山庵庙会日期，届时每位施主拥有三个席位。所以，清光绪十三年（1887）十二月长举村围里黄科成、黄琼林叔侄所立分关书，将数十种会社当作重要资产进行分配，其中就包括观音会。这种会股还可以抵押，如光绪元年（1875）三月，黄福连借黄梅林稻谷一石三斗，用自己名下的守经公新丁会一份抵押，为此订立契约。会股也可以出卖，如同治十一年（1872）十二月，村民黄甲龙订立契约，将自己拥有兴杰公会股以江钱九百五十文的价格退让给黄梅林。寺庵神会也是如此。

这些神会都是施主们发起的，发起者称作缘首，也就是理事。缘首们带头捐资，用捐款购置田产，将田产出租收取租谷，收益除用于庙会活动外，剩余的继续积累。

因此，僧尼们拥有的管理权也是极为有限的。《寻邬调查》所言"神道地主"名义上指的是寺庵，实际上操控于宗族或村落神会之手，与僧尼关系不大。《寻邬调查》云："庙有个庙祝，土名叫做'庙老'，是个老头子，服侍菩萨，招扶香灯。庙多少有庙田，也有无田的庙。有庙田的，庙老吃庙田的租，无庙田的，庙老伙食从群众中捐钱谷。"

施主们拥有权利，自然也要承担责任。如《龚氏族谱》记载，康熙四十三年（1704）甲申，霖雨一月，观音庵佛堂将颓，寺僧亿庵便报告给圳头龚氏，龚氏经过商议，取出朝贵公尝银三十两，用于维修观音庵，寺僧反而不承担维修责任。

像黄天栋之侄这种个人图谋施主身份的比较少，更多的是诸如发展到后来的宗族争夺施主身份事件。如吉潭镇纂坑村大塘肚宏善寺，据寺内清乾隆三十一（1766）年十月刘氏所立《遵奉县宪孙谕竖万善庵施田碑记》、乾隆五十七年（1792）钟氏所立《重修万善庵碑记》以及《礼坊钟氏族谱》记载，宏善寺原名万善寺，本是滋溪保李坊村钟氏六世祖钟武穷（法号无穷）于明万历初出家时，在胞兄钟武迪、钟武烈及侄儿钟朝卿、钟朝辛、钟朝滚、钟朝钦、钟朝俯的支持下，向何永庞购买田地山场兴建起来的。无穷和尚圆寂后，其徒怀玉担任住持，向本地刘氏化缘，将寺庵右边圳背坑及寺对面中隔坑刘氏山脚开垦为农田，双方订立了垦约。乾隆三十年（1765），钟氏招僧奉祀香灯，重立议约时将全部寺产交给僧人管理，其中包括刘氏施出两处山脚所开垦的农田。刘氏发觉后控县，知县孙荣前根据垦约，判定此两处垦田确系刘氏祖业，仍令施作庵田。钟氏败诉后，刘氏就获得了施主身份。到民国年间，钟氏势弱，被强行剥除施主身份，至今该庵归刘氏所有。

前面所举都是宗族强僧尼弱的例子，实际上也有宗族监管不力、寺僧盗卖寺产的情况。吉潭镇榜溪村大丘角仙羊岩寺清乾隆二十年（1755）正月所立《遵奉县主大老爷甄审断竖回碑序》记载："康熙二十九年（1690），祖刘兴朝发心好□转施仙阳岩供佛香灯，祖立施契，并买凌瑞明之契亦交僧手。今世远年湮，僧起枭心，将契伪批转卖。先竖碑内上'施'字凿改'卖'字，下有施契'施'

字凿灭空窝。乾隆十八年（1753），僧因山胆将祖施平坳一处之田丘，卖与西石寨桥会。具控县主，大老爷甄公审断，当堂朱批：'庵院田把例不许买卖，除既往免究外，着刘梅章协同该地乡耆，将仙阳岩现在田把查明把数四址，竖施田碑记，永远存照，不许擅自买卖。如敢擅自，将□田追回，庵僧价罚充公。'"

寻乌县历史上也有僧人自主的十方丛林。如南桥青龙岩寺，据嘉靖十五年（1536）《赣州府志》卷二《山川》记载："龙清岩，（安远）县东百二十里，穴大小数十处，前有清流萦绕如练。宋祥符中，有僧建佛刹其上。"北宋祥符年距今千余年，而附近温氏、邝氏、赵氏、张氏、钟氏均是元明之际才迁入的，自然不是家族庙。又南厢普济寺创建者牧原和尚是明清之际赣闽粤交界地区著名高僧，奉其为祖师的寺庵有十八座之多，因此，南厢普济寺自然也不是家族庙。再如黄乡竹林庵开创者四知和尚在明末担任过知县，光绪《长宁县志》卷十六《高僧》记载他"遇贫乏辄以箧中物周之"，有钱资助贫乏者，自然不必仰附近家族之鼻息。

这些十方丛林，虽然能依靠高僧大德的声誉兴旺一时，却与寻乌民众的信仰习惯不合，当后世僧侣无法维持寺院的运转时，就沦为宗族的附庸。比如青龙岩寺，据清康熙十四年（1675）曹世治所撰《重修青龙岩殿栏并钟岩暨上下庵记》，此时寺僧已没有能力募款维修，只能求助于附近家族，自然导致大权旁落。已有家族趁寺庵衰弱之机强取豪夺的，据鹅子湖普济寺雍正十年（1732）十二月所立《青天县主邢大老爷谳语》碑记载，雍正年间附近居民罗英章、刘贤峰等趁住持必演和尚年老昏庸，先是敲诈钱财侵吞寺产，后则勾结广东镇平县观音庵僧鸠占鹊巢，企图将十方丛林硬生生变成村落子孙庙。这样的例子比较特殊，多数情况是寺僧无奈之下自愿依附的。到清末民国，僧团自主的十方丛林全都没有了，剩下的都是家族或村落共有的子孙庙。

嘉靖《赣州府志》卷一记载安远县："伉健难治，婚姻苟且，丧祭疏略，邑治荒僻，民性朴野。"当时尚未分立长宁县，所以这其实也是寻乌民俗。因为有崇信巫鬼的传统，佛教传入后就与原始信仰融合，认为神佛是可以分割的，可以私有的，只有家族化村落化之后的偶像才靠得住。这种信仰特征导致子孙庙盛行，十方丛林无法久驻，限制了佛教在寻乌县的繁荣。僧侣为佛教三宝之一，但在寻乌却成了奉祀香灯的工具。乃至寻乌方言有"和尚逐施主"的俗语，用来形容大逆不道的行为，我们可以从中窥见子孙庙里僧侣的尴尬地位。

第二章

历史名人

黄天栋小考

陈治忠

黄榜名，字抡秀，号天栋，江西省长宁县（今寻乌县）长举村人。长举村位于寻乌县城北部 2.5 公里。明万历四年（1576）之前，长举村隶属安远县西水乡石溪堡。万历四年设立长宁县后，全县分为四厢十二堡，长举村隶属北厢。现因城市发展需要，长举村围里、骆屋等处已拆迁，建了文峰中小学和客家小镇。

黄天栋曾祖黄守相，祖父黄德永，父亲黄兴卷。黄氏族谱记载天栋娶妻谢氏、李氏（据 1996 年县志载，天栋妻为董氏），生两子：长子上进，次子上略（又名上琉）。上琉生二子：长文铎，次文钧。

黄天栋生有异相，十指比常人多一节。少时顽劣，常被父母责骂。后来在高崇山行密和尚的鼓励下从军，效力朝廷，为许盛属下。黄天栋从军后，身经百战，骁勇善战。据道光《金门志》载："许盛，字际斯，号武岩，后沙人。康熙三年（1664），自海上率众归诚，授参将衔，屯垦南赣。时三藩蠢动，闽、粤、荆、湖诸寇蹿入江右。赣为数省咽喉，盛率屯丁前后二十余战，解宁都杨家寨、富江等围，复石城、万安、泰和、上犹、龙泉等县，招抚伪将严自明等，斩伪将陈升数人。以功授南赣总兵，晋秩右都督，转左。复剿崖石寨，降其魁朱明，授拖沙喇哈番，予世职。入觐，假归葬亲……"黄天栋跟随许盛，南征北战，崖石寨一战，更显威名。据光绪二十五年（1899）《长宁县志》卷十二《戎略》载："黄天栋，字抡秀，身体魁梧多力。伪将朱明盘踞崖石寨，天栋夜率壮士缘崖劫其营，斩巡逻者，遂运薪草于贼寨，纵火焚之。贼见火光烛天，拔寨走，天栋率兵蹑之，斩贼无算，贼穷纳款……"

康熙十五年（1676），黄天栋功名颇遂，使堂弟黄伟才回到家乡，将庵门口（土名上塘）禾田三十巴，载米二合四勺正，永为常住，供佛及僧，至山勒石记之。康熙十八年（1679），黄天栋奉旨敕封栋公荣禄大夫，镇守江南。为感行密和尚当年收留和指点之恩，夫妇将原施之田，再立施契一纸，交付于高崇山庵堂，为其永久所有。

康熙二十五年（1686），黄天栋因患背痈，亡于任上，英年早逝，终年38岁。2008年《寻乌县志》载："黄天栋墓，位于县城东面的沙子头，坐东北朝西南，封土高2.7米，宽7.4米，砖石、石灰砌成。墓门原有碑石3块，墓左右侧设有石柱和石狮，已毁。"

黄天栋亡故，族人为纪念他，表彰他的丰功伟绩并激励后人，把才盛公宗祠又命名为"都督第"，再命画工绘将军肖像一幅，置于祠堂，两夫人肖像，置将军左右两侧。黄天栋生前好友笪重光为其画像题赞："美哉伦翁，丰颐皓质，雅度冲容。经济则赤松黄石，丰神则霁月光风。于诗美元戎之绩，在易称长子之功。生前鸿业，没世高踪。仪表非常，依稀羊叔子缓带轻裘之度；襟期迈众，不愧李鸦儿骁勇善战之雄。干城著誉，荣禄褒封。庆流孙子，名耀鼎钟。丹青一笔，俨然化工。光今瞻先生之遗像于鲛绡之内，仿佛仰先生之风范于虎帐之中。"

【作者简介】

陈治忠，男，退休工程师。江西省作家协会会员，赣州市作家协会会员，寻乌县诗词学会会员，寻乌县历史文化研究会副会长。发表有《局长日记》《天下第一家》等多部长篇小说。

黄石先生生平事略

严修余

先生姓黄名石，生于清宣统三年（1910）农历八月十八日，世居江西省寻邬县北厢长举村。祖父黄科勋系前清秀才，父亲黄甲先幼承祖训，耕读世家。兄弟两人，先生排行第二。

先生初入私塾，至民国九年（1920）入县立小学，因遭北洋军阀之扰，而转读城南教会创办的爱群小学，国文和英文两科颇有进步。民国十二年（1923）入省立赣南中学，民国十五年（1926）毕业，因受当时革命风潮之鼓舞，于翌年考入黄埔军校七期炮兵科，期间因受粤变之影响，辗转赴京，至十八年（1929）毕业，分派到中央教导师炮兵旅任少尉排长，因参加河南山东战役负伤，后调军政部特务团任连长，参加多个战役。民国二十五年（1936）任营长，翌年任中央军校三分校队长、教官，训练青年干部。卅一年（1942）春调第一战区挺进军指挥部，初任上校副团长后晋升为团长，率军参加河南尉氏、鄢陵等战役并负伤。民国三十五年（1946）任第二军官总队上校队长，后扩编调任陆军二〇五师炮兵指挥官。民国三十七年（1948）北平傅作义部接受和平解放，即随军经青岛去到台湾，任职于新成立的第六突击总队，为第三大队上校大队长。

先生脱离军职后转业宜兰罗东"国中"，从事教育工作二十余年，退休后即独居眷舍，生活简朴，颇受邻居及同僚之尊敬。

先生于民国二十五年（1936）与南京吴丽霞女士结婚，生育长子福康（又名世雄）、次子福生（又名世平）、长女蓉蓉、次女瑜贞，均留大陆。1949年后即失去联系，杳无音讯。1990年3月初，回乡探亲的何恩锡先生带来其亲侄黄维义先生托转之信，至其住地，始悉先生已于3月31日因肺癌病逝于荣总医院，因病出怆然，无遗言，亦未通知乡亲，由罗东"国中"代为发丧善后，于4月2日在台北市第二殡仪馆公祭火化，灵骨暂厝台北县新庄市廻龙寺。

先生享年八十岁，其身后遗物，经由罗东"国中"代为清查，留有财产一批，已由罗东"国中"代为保管。经治丧委员会及寻乌同乡会研究，在未能获得其留居大陆之亲属出面继承前，将全部款项存入银行生息，将其利息部分移作罗东"国中"清贫学生奖助金，以符先生奉献教育事业之本意。

（辑录自寻乌同乡会编印《寻乌文献》2001年版，略有改动）

【作者简介】

严修余，字青松，1939 年生，江西寻乌人，江西师范学院政治系毕业，历任中小学校长、县革委宣委干事、县委办秘书、县委党史办主任，副研究员。严修余曾为县文协组长、省历史学会会员、地区党史学会理事，系岭南书画研究院兼职书画师，现为市老年书画协会会员、县老年书画协会理事、《寻乌诗词》副主编，主编有《古柏长青》《马蹄岗烽火》《寻乌人民革命史》。

甘洒热血写春秋
——记长举村黄佛佑烈士

尹婷

雨水渗过烂瓦的缝，一滴一滴掉下来，漏得最厉害的地方放着几个木桶，还有脸盆、脚盆。四个孩子挤在一张床上。床上那张破席子，也被漏雨湿了一片。这就是解放前长举村村民家中的情景。

"月光光，光灼灼，捱（我）跌苦，你快乐。食也冇好食，着（穿）也冇好着，年年项起（起床）来，总住烂屋壳……"这是一首根据民谣改编的红色歌谣，歌名叫作《禾头根下冇饭吃》，正是解放前寻邬县贫苦农民生活的真实写照。

白色恐怖笼罩在本就沉重的天空。剥削阶级残酷地欺压穷苦百姓，反动政府不顾人民群众死活，重租重税，还巧立名目，增加"从头谷""乡仑谷""灶头捐""人头税""保甲费"等等，穷苦百姓处于水深火热之中，生活一日比一日艰难。

"穷则思变，要干，要革命。"如果说黄佛佑当初毅然投身革命是生活所逼，那么在革命队伍里，他才真正深刻感受到，穷人要彻底翻身，只有通过推翻旧统治，建立一个新世界——一个崭新的人民当家做主的新世界。

1928年，黄佛佑二十二岁，身材魁梧。他读过书，有一定的文化基础，而且口才俱佳。村里人看他相貌堂堂，给他取了个外号叫"佛佑官"。

这年春天，黄佛佑联系堂兄黄世松、黄世光，劝说他们一起投靠红军，参加革命。三人在祖堂烧香，写血书。

3月，黄佛佑三人接到通知去龙图上村集合，然后去县城。上级任命黄佛佑为寻邬城区调查委员，配了一把驳壳枪。当时因为武器不多，很多战士使用的只是猎枪、梭镖、大刀或者木棍。

在南桥圩、澄江桂岭、黄畲山道堂一带，黄佛佑他们与国民党反动派周旋。在一次战斗中，负责守卫大门缺口的一位战士看到敌人火力凶猛，生出畏敌情绪。在这紧急关头，黄佛佑迅速顶上去守住大门，和战友们一起奋勇杀敌，赢得了这场胜利。在桂岭半山腰，黄佛佑遇到四个白军，黄佛佑掏出枪，砰砰几声，让他们通通去见了阎王。

1930年时，寻邬的上坪是红区，上四甲是白区，汤志余、黄玉炎等反动分子常在此传授"水法"。何宝群、何日亮为首的白军逃至上四甲何屋与之汇合，设下多处埋伏。六十多名红军战士为剿白军，不料却误入白军包围圈，双方在片寨激战，红军战士伤亡惨重。敌强我弱，寻邬党组织向中央苏区汇报，请求增援。毛泽东和朱德派红四军部分兵力前来助剿白军。红四军迅速占领了湖崇半山的总路后，在那儿挖战壕，封锁路口设关卡。黄佛佑负责在黎坑山佛堂侦察敌情，当他发现一伙白军也在佛堂假装祭拜时，他马上向上级汇报，之后双方军队在关卡总路大激战。黄佛佑手持驳壳枪和战士们英勇奋战，一场激战后，敌人伤亡惨重，狼狈逃窜。

1934 年 11 月，蒋介石三路大军进攻苏区红军。1935 年古柏同志领导红军游击队到寻乌方向突围，被三路大军打散。此时，寻邬县参加红军的革命同志有许多都在 1932 年之前的战斗中牺牲，力量十分薄弱。

在一次战斗中，黄佛佑的队伍被打散，子弹也打没了，他手持大刀与敌人英勇搏斗，最终不幸负伤，被国民党捉去。严刑拷打之后，敌人未得到丝毫有用的信息，只好放伤痕累累的黄佛佑回家。黄佛佑回家后不久便因伤重不治身亡。

黄佛佑牺牲后，埋葬在三标澄坑下窝排处，1988 年迁移至寻乌革命烈士纪念馆。

【作者简介】

尹婷，1998 年生，寻乌县吉潭人，现为一名教师，作品偶见于《星火》。

第三章

民俗物产

非遗传拓技艺之碑拓

古新星

一、碑拓简介

传拓，就是用宣纸覆盖在碑版或器物上，把其文字或图像复制拷贝下来的一种技艺，是我国古代的一种复制技能，它的成品叫拓片，也叫拓本、脱本、打本等。碑拓为传拓中的一种，是我国南北朝时出现的一项伟大的发明，是古人智慧的结晶，是中华民族传统文化的代表，推动了印刷术的产生。

传拓技艺，由来已久。若以记载为据，始于南北朝时期；若以实物为据，则始于唐初。经宋元明清之发展，迄今有 1400 余年的历史。传拓不仅使中华民族的历史得以保存，中华文明的记忆有了承载的形式，还传布四方，日本、法国、英国等诸多国家也使用传拓技艺来整理保存文献资料。传拓技艺现已被列为国家级非物质文化遗产。

传拓技艺传承千年，在清代之前都是以平面呈现，到了清中期才出现全形拓。而后的两百年，传拓技艺更加呈现出多样化的形式，如高浮雕拓、颖拓、综合拓等拓种。但平面拓是最基础的，学会平面拓的技艺，再学其他拓种就容易得多。

二、碑拓的主要工具和主要材料

（一）主要工具

拓包（大小拓包又称大小扑子）：采用布料、丝绸和毛毡等材料制作而成，是传拓上墨的主要工具，大的一般直径在 10—15 厘米，小的尺寸不一，根据传拓的细节需要选用。

墨板：用于续墨、调墨。将墨汁倒在墨板上叫续墨，将拓包在墨板上来回揉动、拍打，让拓包上墨均匀叫调墨。墨板可以用瓷盘、小模板、塑料盘子替代。

打刷：又称砸刷，用于上纸时拍打纸张，让纸张更加紧密地贴附在所拓物体表面。制作材料为猪鬃、马鬃等。

棕刷：又叫平口刷，用于上纸时使纸张平整、紧密地贴附在所拓物体的表面，也是书画装裱的重要工具。制作材料为树棕。

木槌：用于封边时敲打纸张边沿，方便纸张贴附石碑等物体的侧面。

喷壶：用于上纸时以水喷洒纸张，让纸张湿润。

毛巾：具有上水和吸水的作用，以化纤材质为佳。

竹刀：用于切去多余的纸张，或上纸遇到不平时将纸张按图切开。一般是自制。

塑料袋：用于上纸时覆盖在拓纸上，在用打刷时保护拓纸不受损伤。

毛毡：用于上纸时覆盖在拓纸上，在用打刷时保护拓纸不受损伤。

（二）主要材料

墨汁。

拓纸：也就是宣纸，一般选用耐拉力比较强的纸张，如连史纸，厚薄、生熟根据个人喜好而定。

白芨：一种中药材，浸出或煲出的水有黏性，上纸时使纸张更贴紧碑面或其他物体表面。因为白芨较贵，一般于小物件上纸时使用。

糨糊水：用书画装裱的糨糊稀释而成，用于较大物件上纸时，让纸张更贴紧碑面或其他物体表面。

三、拓碑的主要步骤

（一）上纸

上纸的方法主要有：

摁纸法：主要用湿毛巾卷成卷，在拓纸上摁压的一种上纸方法。

打纸法：主要用打刷拍打拓纸的一种上纸方法。

刮扫法：是这里要主要介绍的上纸法。这种方法有的地方也叫扫纸法，但实际上是用棕刷在纸面上垂直进行刮的动作，似"扫"实"刮"，因为有不同方向的刮扫，所以称刮扫法更为贴切。

步骤1：覆纸。将拓纸覆盖在石碑上，摆好位置，用喷壶喷水将拓纸喷湿。但不可太湿，以免掀不起来。将拓纸掀起平放在石碑上，使其更加平整。

步骤 2：刮扫。用棕刷在拓纸上面轻轻刮扫，先在中间扫出一个十字来，再由中间向周边扫出。逐步分区域轻轻刮扫，若刮扫过程中出现褶皱，可将褶皱处掀起，再刮扫。

注意，在刮扫过程中棕刷一定要垂直纸面来回刮扫，切忌把棕刷侧放或歪着扫动，这样容易刷烂纸张，前功尽弃。

如果出现大面积烂纸，要重新上纸。如果不慎小处烂纸，则可简单补救，出现小洞，可从别处撕下一块稍大于小洞的纸覆盖小洞，用湿毛巾将其摁湿贴牢，并用木槌敲打数次。

扫纸

步骤 3：封边。整个石碑正面上完纸后就要封边，封边就是用湿毛巾摁压，使纸边和石碑侧面贴紧。同时也要注意边角，先拉出拓纸边角，然后折向一边，再用毛巾摁压，最后用木槌反复敲打碑侧，碑的正面边沿也要用木槌敲打，让纸面更加贴紧碑面。如果周边不利封边可不封边，但最好不要省，视情况而定。

封边

（二）上墨

上墨是传拓技艺中至关重要的环节,直接决定了拓片的质量,需要反复训练。

步骤 1：喂墨。

上墨前,如果是新拓包,即需要喂墨,喂墨的步骤是：将墨汁倒在墨板上,呈蚊香状,然后将拓包在墨板上轻轻揉动,便于墨汁进入拓包,待墨汁完全进入拓包后,用拓包轻轻拍打墨板,使墨汁分布均匀。以上步骤反复 3—5 遍。

喂墨

步骤 2：行包。

（1）行包讲究"包压包"。包压包就是在行包过程中，下一包压着上一包直线行包，包与包之间相互重叠三分之二或二分之一。

（2）行包讲究"行压行"。行压行就是下一行压着上一行行包，相互之间的重叠部分和包压包一样，行压行的重叠部分也是三分之二或二分之一。

（3）行包讲究"纵横交错"。纵横交错是指第一遍上墨是竖着上墨的，那第二遍上墨就要横着上墨，让上墨的拓痕交错地压在一起。

注意，一般的石碑传拓，上三次墨即可大致完成。三遍后检查一下，如果有一些地方墨色不够即要补拓，补拓时要注意不要在同一地方重复拓，这样容易出现透墨和死墨现象。如果一次补拓不够，也要稍后再补拓。行包时还要切忌包和包相邻，包不压包，行不压行，还有就是乱拓一通，犹如天女散花，没有规则的行包。

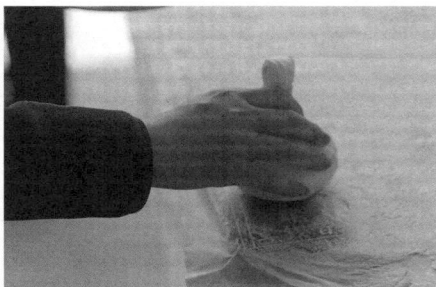

行包

（三）揭拓、折叠拓片

揭起的拓好的拓片，折叠收藏时也是有讲究的，纸边朝里，折叠后要装袋保存。

以上是拓碑的基本步骤和方法，这些都是根据个人经验归纳而成，目的是记录和传播这项技艺。时间匆忙，难免有不妥之处，还请有识之士批评指正。

拓片

【作者简介】

古新星，1979 年生，江西寻乌人。中国楹联学会会员、江西省书法家协会会员，赣州市美术家协会会员，寻乌县书法家办会副主席。书法作品曾入展全国第四届隶书作品展，入展省级展览三十余次，曾获第二届江西省"黄庭坚奖"书法大展优秀奖，江西第十届青年书法篆刻展二等奖；平时爱藏书，热爱传统文化，热心于传承传统文化。

医海拾萃
——寻乌县客家传统中医药文化举略

黄柏超

寻乌县地处崇山峻岭之中，中草药资源丰富，夏季天气炎热，雨多地湿，自古有湿邪瘴气。勤劳的寻乌客家先民在长期的生产、生活实践中，在与恶劣的自然环境抗争中，形成了独特的、具有鲜明地域特点的防病、治病及养生保健的习俗和方法。现略举如下。

一、鲜草药浴

按照寻乌民间习俗，人们要在端午节期间举行一些保健活动以预防疾病。五月初四、初五清晨的集市会有艾草、菖蒲、野葛藤、山苍子、钩藤、八楞麻、车前草等鲜草药售卖。"鲜草药浴"就是保健活动之一。光绪三十三年（1907）《长宁县志》卷二节令篇："五月五日，包箬粽，插蒲艾，酌雄黄酒，浴百草汤，以彩丝系小儿颈臂。""浴百草汤"就是"鲜草药浴"。端午传统的"鲜草药浴"，除了用艾草外，还可用菖蒲、金银花藤、野菊花、桃树枝、枫树枝、柳树枝、桑叶、山苍子、八楞麻、霹雳藤、钩藤、香茅等煎水沐浴。"鲜草药浴"具有行气活血、祛湿散寒、缓解疲劳、疏通经络的功效，沐浴后使人精神焕发，浑身舒畅。

二、药酒

每到冬至，寻乌客家人有酿制"娘酒"、制作"药酒"的传统。酒有"通血脉，行药势，温肠胃，御风寒"等作用，而酒和药配制可以增强药力，既可预防和治疗疾病，又可用于病后的辅助治疗。内服滋补药酒还可以药之功，借酒之力，起到补虚强壮和抗衰益寿的作用；外用药酒可以用于跌打损伤、风湿骨痛等的治疗。常用的滋补药酒有金樱子酒（糖盎子）、桃金娘酒（捻子）、野生灵芝酒等等。

三、药膳汤

药膳汤是传统医学知识与烹调经验相结合的产物。它"寓医于食"，既将药物作为食物，又将食物赋与药用，药借食力，食助药威，二者相辅相成，相得益彰。药膳既具有较高的营养价值，又可防病治病、保健强身、延年益寿。因此，药膳既不同于一般的中药方剂，又有别于普通的饮食，是一种兼有药物功效和食品风味的特殊膳食。它可以使食用者得到美食享受，又在享受中，身体得到滋补，疾病得到治疗。因而，传统药膳的制作和应用，不但是一门科学，更可以说是一门艺术。宋代，陈直在《养老奉亲书》中说："缘老人之性，皆厌于药，而喜于食……贵不伤其脏腑也。"药王孙思邈在《备急千金要方》中指出，"夫为医者，当须先洞晓病源，知其所犯，以食治之，食疗不愈，然后命药"，将食疗列为医治疾病诸法之首。"食能排邪而安脏腑，悦脾爽志以资气血"，食养可调整脾胃功能，使气血生化有源。泉源不竭，精血充盈，人的机体功能自然健康不衰。寻乌县长举村流传的药膳汤方有猪肚包鸡治胃病（虚）、"春根"（牛尾菜）炖猪脚补气血、黄花倒水莲（倒吊黄、黄鸡卵）炖鸡治肝炎等。

四、药食、饮品

"仙人粄"作为寻乌家喻户晓的一种传统小吃，是一款夏季消暑饮品。它是用仙人草熬制而成，仙人草又称凉粉草，喜生于坡地、沟谷之中。农历入伏吃仙人粄是寻乌客家人的习俗，据说这天吃了仙人粄，整个盛夏都不会长痱子。仙人粄有降温解暑之功，且无受冷患寒之弊，在仙人粄中调入蜂蜜，再洒上点香蕉露，食之清甜爽口，沁人心脾。《中国医学大词典》中记载，"仙人草""茎叶秀丽，香犹藿檀，夏日取汁，凝坚成冰"，有"泽颜、疗饥"之功效。据研究，仙人粄有止渴、解暑、生津功效，对高血压、风湿性关节炎、中暑、感冒、糖尿病等都有一定的疗效。仙人草为唇形科草本植物，高1米上下，整株拔起，晒干呈黑色。寻乌项山崇背有较大规模人工种植，作为山货出售。仙人草干品可长期保存，时间越久，效用越好。仙人粄制法颇讲究手艺，先将干燥的仙人草放入锅中熬煎，火候到一定程度时，将草渣捞起，再将仙人草汤过滤，然后倒入适量淀粉或者米粉和红薯粉，加热并不断搅拌，待汤液变成糊状后即倒入瓷钵内冷却，便成了仙人粄。做得好的，软滑到要用手捧才拿得起，柔韧到要用刀（或竹片刀）来割碎，入口有嚼头。鲜草也可熬制，制成的仙人粄为草绿色。怡味甘凉，有清热解暑的功效。

五、外治疗法

（一）搬惊风

"搬惊风"是数百年来寻乌长举村民口耳相传的一种简便易行、效如桴鼓的民间医药外治疗法。它的适应症主要有风寒、风热感冒，小儿发热（受惊），受风引起的头痛、腹痛、关节痛等等。具体操作方法如下。

准备的材料：银戒指或者银币一枚，纱布或者小手绢一条，鸡蛋一只（煮熟），生姜、小葱煮汤一小碗，草木灰或者香灰少许。

步骤：把鸡蛋煮熟，趁热剥壳，去蛋黄，仅用蛋白，用手绢或者纱布包裹住蛋白和银币（或银戒指），蘸取少量生姜小葱汤，在病人身上从上往下，从里往外，从前往后，轻轻推。做完之后银戒指或者银币会变黑，用草木灰或者香灰洗净即可光亮如新。

注意事项：

（1）操作过程中注意关掉空调，关好门窗，避风。

（2）顺序不要颠倒。

（3）不要吃蛋白，能埋掉最好。

（二）挑积

"挑积"，又称"疳积"，此病多发于儿童，临床表现有面黄肌瘦、高热不退、心烦口渴、食欲减退或嗜异食等病症，多由饮食不当或腹内有寄生虫等引起,治疗方法以健脾、消积、驱虫为主。"挑积"是我国古老的中医治疗方法,源自远古的石器时代,由砭石、放血疗法发展而来。文字记载于《黄帝内经》中的《灵枢·官针篇》,实际上属于针灸的一种疗法,用瓷锋在手掌的鱼际穴或指缝穴上,刈开针眼般大的小口,挤出皮下脂肪,然后敷上止血粉,包扎好小伤口,适当敷一些草药即可。此法简单便捷,效果显著,一般几天即可治愈小儿疳积病,很受普通百姓欢迎。

六、民间草药单方、验方

(一)黄花倒水莲

黄花倒水莲是寻乌非常有名的一味草药,药用部位为远志科植物黄花倒水莲的根或茎、叶、花。学名"黄花远志",寻乌当地叫"黄花倒水莲""吊吊黄""倒吊黄"或"黄鸡卵"。几乎大部分年长的人都认识它。早期寻乌农村妇女生完小孩没几天就可下地劳作,很大程度上得益于它。在寻乌农村,生完小孩坐月子一定要喝一到两周黄花倒水莲炖鸡汤。它类似于中医方剂里的"生化汤",既祛瘀,又补虚,具有补虚健脾、散瘀通络之功效。可用于劳倦乏力、子宫脱垂、小儿疳积、脾虚水肿、带下清稀、风湿痹痛、腰痛、月经不调、痛经、跌打损伤等。它的根茎很脆,易折断,为肉质根,有股清新药香,带点甜味。花像倒垂下来的莲花,种子呈肾形。按照中医取象比类的思维方法(以形补形),它具有补肾的功效,类似于六味地黄丸。民间村里曾有人得了急性黄疸型肝炎,当时无钱住院治疗,经由村里的一位长辈指点,采来几棵新鲜的黄花倒水莲根，每天一棵炖鸡汤，连续喝了三天即痊愈。此药鲜用效果最佳。民间亦有以乌鸡蛋做药引，配伍黄花倒水莲煲汤，治疗老年人腰腿痛的说法。

（二）山捻子（桃金娘）

桃金娘，寻乌人叫它"山柠子""山捻子"，形状像乳房。寻乌歌谣："八月半，捻子乌一半；九月九，捻子好浸酒。"其得名之由，盖因其"子如软柿，头上有四叶如柿蒂，食者必捻其蒂，故谓之倒捻子"。又因其子状如乳头，海南别名叫"山乳"（"乳"读若"尼"）。对其茎叶花果的描述，还是古书中来得生动。唐刘恂《岭表录异》："倒捻子，窠丛不大，叶如苦李，花似蜀葵，小而深紫。""其子外紫内赤，无核，食之甜软，甚暖腹，兼益肌肉。"宋苏轼《海漆录》卷五云："吾谪居海南，以五月出陆至藤州，自藤至儋，野花夹道，如芍药而小，红鲜可爱，朴樕丛生。土人云'倒捻子花'也，至儋，则已结子如马乳，烂紫可食，殊甘美。中有细核，嚼之瑟瑟有声。"一般用它的果实泡酒，可以补血、补虚，其根可以补血又能活血，是治疗妇科病的良药。民间还用其干燥的果实研末调茶油治疗烧伤、烫伤。

【作者简介】

黄柏超，医学硕士，人称黄药师，致力于赣南客家中医药文化传承、传播。2020 年 5 月于赣州峰山创办紫芝山房（黄柏超中医药研究工作室）。

记忆中的儿童游戏和竞技

王秋招

追忆童年，最难忘的是和小伙伴们一起嬉戏的时光。那无穷的乐趣，是秋千越荡越高的开心，是毽子越踢越多的欢畅，是剪刀石头布获胜的得意，是玩过家家时的投入和欢喜。

儿时丰富多彩的游戏，像一个个快乐的音符，奏响我们共同成长的旋律。它虽然简单，但启迪我们的智慧；虽然轻松，但强健我们体魄；虽然自由，但教会我们遵守规则、协调合作。

当我们一天天长大，朝着理想的目标前进，幼年时玩过的那些游戏，却随逝去的纯真岁月一起，离我们越来越远，成了生命里最独特的美丽风景，成了心底抹不掉的记忆。

一、捉迷藏

捉迷藏是一项刺激而有趣的群体游戏，有的地方称之为"屏伏子"。

小时候，聚族而居的老屋很宽敞，除了中间的祠堂，两边还有横屋，祠堂和横屋之间有狭长的通道相连。祠堂内，长年堆放着各家的农具和杂物。如此复杂的环境，给喜欢玩捉迷藏的我们提供了最佳的场所。

每次游戏开始时，小伙伴们围成一圈，由其中一人唱起"点指人王，水浸砂糖……"的童谣，一边唱一边挨字点人，唱到最后一个字时，被点到的那个就负责"捉人"。

捉人者先用双手蒙住眼睛，不许偷看，其他孩子则四处散开，各自迅速寻找隐蔽处躲藏。负责捉人的孩子会急不可耐地催促："都藏好了吗？"如果还有孩子慌乱地回答："还没有！"就要等到所有人都回应说"好了！"才可以开始搜寻隐藏起来的伙伴。

躲藏者各有各的奇思妙想，各有各的隐藏秘技，年龄最小的孩子头脑简单，藏在箩筐里用蓑衣一盖就觉得很安全了；稍大一些又机灵的孩子，则藏到风车斗里用席子遮住；还有身手敏捷的大男孩，常常手脚并用地撑着通道两边的墙壁，攀爬到昏暗的半空中去，看着捉人的小伙伴一次次从自己的胯下匆匆走过，心里暗自窃喜；也有人犹豫不决，四处寻觅，终于找到一个妥当的地方时，却早有小伙伴藏身其中，只好在捉人者的催促声中慌乱地另觅去处。

聪明的捉人者会故意多问几声"好了没有"，以伙伴们的应答声来判断他们的藏身之处，然后瓮中捉鳖，一抓一个准。有的捉人者不管走到哪里都虚张声势地喊："我看到你了！出来吧！"缺乏定力的小伙伴就会以为自己真的被发现了，乖乖地自投罗网。但多数隐藏者都很谨慎，听到捉人者的脚步声便凝神屏息，决不弄出一丝声响来暴露自己。

相对于躲藏，我更喜欢捉人。因为捉人的过程充满未知和挑战，很难预料能从哪里找出躲藏者来。每次根据积累的经验，通过细心地观察和认真地分析推理捉到小伙伴时，都会充满惊喜。当所有小伙伴都被"捉拿归案"，心里便格外有成就感。

二、打水漂

打水漂，又叫"打水撇子"，是男孩子们爱玩的游戏。

小时候，祖屋的门前有一口池塘，同住一座老屋的几个男孩，常常在早上或者傍晚的时候在池塘边打水漂。他们从墙角边捡一些瓦片，然后在池塘边一字排开，比试谁打水漂的瓦片跳得多、跳得远。

好胜是男孩子的天性，每个人都不敢掉以轻心，无论轮到谁，都会先专心致志地调整身姿，弯腰，侧身，找到最佳角度才将瓦片朝水面奋力掷出去。瓦片贴着水面一下接一下往前跳，溅起一路水花，每跳一下，都会发出轻轻的漂儿声，旋即激起的涟漪在池塘中一圈接一圈荡漾开去。手法娴熟的男孩，掷出去的瓦片子仿佛注入了生命一般，擦着水面迅疾地跳跃，转眼就跳得很远。而初学者投出的瓦片，往往"扑通"一声沉入水底。

一番较量之后，胜负有了分晓，赢了的扬眉吐气，传授技巧，输了的甘拜下风，大家相约下次再比。

三、踢毽子

小时候，我们都管踢毽子叫作"打毽子"，它是一个运动型的游戏，男女不拘，可以自娱自乐，也可以群体竞技。

每逢年节杀鸡的时候，小伙伴们最要紧的事，就是用公鸡身上拔下来的羽毛，做一个漂亮的键子。多数伙伴只求羽毛大小相同，色彩花纹可以不同，只有少数挑剔的伙伴要求每片羽毛大小颜色都相同。为了满足自己的要求，伙伴们通常会互相交换羽毛。想做一个造型美观的键子，得先把羽毛摆弄匀整，使它的形态从每个角度看起来都一样，然后再用线扎紧，或是把羽毛插入一个小小的空管。羽毛准备好后，接着要制作键子的底座。先找一枚钉子，再从废弃的雨靴上剪取两三块橡胶，如果找不到橡胶也可以用硬纸片代替，然后把橡胶片或纸片从圆心穿入钉子。有的小伙伴还会在底座上再加一两枚铜钱增加键子的重量，使键子踢起来重心更稳。底座完成后，把扎好的鸡毛插在底座上，一个心仪的键子便做好了。

踢键子本是女孩子的强项，但邻家的小哥哥踢得比我们还好。他踢键子时，习惯把键子放在手里先掂几下才抛出去，键子落下之际，他迅速弯曲右腿向上用力一踢，键子便蹦跶起来，随着他右脚反复起落，键子上下翻飞，一次次稳实地落在他的脚面上，发出"噗噗"的声音。他每踢一下，握成拳头的左手就甩一下，动作潇洒而有节奏，与此同时，他的眼神始终随着键子起落。当小哥哥踢到浑身力气使尽，键子"叭"的一声落在地上时，我们都会为他又一次刷新自己的纪录而喝彩叫好。

踢键子，除了喜欢比试谁踢得多，我们也爱玩花样踢法：用脚尖勾，用脚内侧盘，用脚面绷，用脚掌蹬或左右脚轮流着踢，把毽子踢得或高或低，或左或右，变化多端。有时候，两个人面对面踢也很有趣，一人一脚，你来我往，两人同心，志在毽子不落；若多人在一起，大家便围成一圈，把毽子朝中间踢出，人人伺机而动，等着接招，更是趣味无穷。

毽子除了有鸡毛毽，也有将旧的作业本剪成细条做的纸条毽，或者把晒干的蕉芋叶子撕成条状扎成的简易球状毽子。这两种毽子踢起来的时候，像空中飞舞的菊花。

四、荡秋千

"阳春女儿笑语喧，绿杨影里荡秋千。身轻裙薄凌空舞，疑是嫦娥下九天。"《荆楚岁时记》记载："春时悬长绳于高木，士女衣彩服坐于其上而推引之，名曰打秋千。"由此可见，荡秋千是一项古老的游戏和休闲运动，有着悠久的历史。

说起荡秋千，心里便充满诗意，因为它让我想起童年时第一次体验飞翔的感觉。我们小时候玩的秋千，都是自己动手做的。先用稻草编一条又粗又长的麻花绳索，然后用竹竿顶着把它挂到祠堂的横梁上去，再把垂下的两边绳索拉匀称，用末端盘成结实的底座，一个崭新的秋千就做好了。

坐在秋千上，双手握紧两边的绳索后退几步，双脚用力在地上蹬一下，秋千便悠悠地荡起来。一起玩耍的邻家小妹，个子不高，但力气却很大，我每荡回来一次，她便使劲推我一把，借着她的推力和秋千的惯性，我越荡越高，一会腾空而起，一会俯冲而下，感觉像在空中自由飞翔。在轻盈的飘荡中，闭上眼睛感受清风温柔地拂在脸上，拂起发丝，心里有一种无法言说的愉悦。

一会儿之后换邻家小妹来荡，待她坐好，我拽着秋千上的绳子，往后拉一段距离才把她推出去。在我一次次用力地推送中，小妹像一只轻快的燕子在我眼前来回穿梭，不时发出的尖叫声和欢笑声，在古旧空荡的祠堂里回荡。

对于秋千，我有一种特殊的喜爱，没事就坐在上面，手臂勾着绳索聚精会神地看小人书。邻家小妹来找我时，总是蹑手蹑脚，像猫一样悄无声息地走过来，两只手轻轻地搭在我的肩膀上猛烈地摇一下，吓得我尖声大叫。我惊魂未定，她又翻动我转圈，直转到秋千上的两根绳索绞成一根才肯放手。她一松手，我便像陀螺一样飞速旋转起来，转得头晕目眩，嘴里"啊啊"乱叫。小妹却在一旁笑得前仰后合。

多少年过去了，停在秋千上的那些烂漫时光，依然藏存在记忆深处，和一件件陈年旧事一起，让我无限怀念和回味。

五、跳绳

跳绳是只需要一根绳子就可以做的运动。

童年时，我们跳绳用的绳子，大多是用干稻草，按所需的长度，编成粗细适中的麻花辫绳索。只有少数小伙伴用系箩筐的棕索来跳绳。

课间休息的时候，操场上总有很多同学在跳绳。有的是独自漫不经心地跳着，时快时慢，时而双脚并拢着跳，时而又单脚轮流着跳，有时还边跑边跳，让人应接不暇。也有的在玩双人跳，两个人面对面站着，贴得很近，掌绳者喊一声："一，二，跳！"同时从身后甩起绳子，两个人便双脚离地，同起同落，跳得很有默契，一边跳还一边数着数，越跳越开心。

最壮观的是十几个人合在一起的集体跳，两边摇绳的同学，使劲地把又粗又长的绳子摇得"呼呼"作响，打在地上发出"啪啪"的声音，绳子起落间，十多双跳动的脚，同时发出"哒、哒、哒"的响声，匀称而响亮。女孩们，无论是扎马尾、梳羊角辫还是编麻花辫的，都随绳子的律动而身心欢跃。她们一边跳一边说着笑着，热闹非凡。有人在绳子外蓄势待发，趁着绳子落下的瞬间飞速冲进绳子底下，不迟也不早。有人只顾着说话，越跳越低，脚下绊住了绳子，便被罚去摇绳，把摇得最久的同学换下来跳。还有那初学者，因为不得要领，双脚和绳子总是合不上拍子，弄得手脚忙乱，大汗淋漓。

跳绳最自由的还是单人跳，单人跳的时候，绳子可以往前甩，也可以往后甩，还可以双手交叉着甩。可以双脚跳、单脚跳或边跑边跳。双人跳则可以两个人面对面，由其中一人执绳挥舞，也可以二人并排，各执绳子一端同时挥舞，只要熟练了，便可以自由发挥，随心所欲。

六、玩弹弓

弹弓是男孩子们心爱的玩具，拥有一个小小的弹弓，是很多男孩仗剑天涯般的梦想。

弹弓的做法很简单，先取一个丫形的树枝，树枝的两个分叉距离要适中，太宽或太窄都不利于射击；再把树枝上的表皮削去，然后在两个枝丫的上端刻上凹槽，再在刻好的凹槽上分别系上皮筋；最后，找一小块包裹弹丸的布片，把它连接在皮筋上固定好，这样，一个弹弓就做好了。弹弓上的皮筋越多，拉力就越大，威力也越大。

在我童年的印象里，每次领着弟弟去屋后的山坡上玩的时候，他都会带上自己的弹弓。我总是喜欢坐在草地上，安静地看他随手捡起地上的小石子包在布里，用拇指和食指捏住，左手握住弹弓把柄，用力地拉满弹弓，然后眯起一只眼，慢慢瞄准前面的梧桐树叶子再松开右手。石子呼啸而出，只听得"啪"的一声响，梧桐树叶瞬间被射穿了一个洞。

男孩玩弹弓，大多是用于捕杀小鸟。在学校，男同学也常常用弹弓比试打靶或当武器玩打仗，用捏紧的纸团当弹丸互相射击。

对于男孩子来说，拥有一个小小的弹弓，便拥有了无限的乐趣。

七、滚铁环

滚铁环也是男孩子爱玩的游戏。

在物质匮乏的二十世纪七八十年代，铁制品在农村不容易得到，少数男孩玩的铁环，是固定木桶的铁圈或铁桶底部的圆圈，要等到水桶报废后才能拿来当玩具，是难得的"奢侈品"。因此大多数男孩玩的，都是从废弃米筛圆形边框上取下的竹环。

记得弟弟八九岁的时候，邻家专门做铁桶卖的堂哥送给他一个铁环。弟弟兴高采烈地拿回家后，央求父亲给他做一个滚铁环用的推杆。父亲找来一条粗铁丝，把它弯成一个"U"字形的钩子，然后再用细铁丝固定在一根大约一米来长的竹竿顶端，这样就做成了一个推杆。父亲滚起铁环示范给弟弟看时，跃跃欲试的弟弟迫不及待地把父亲手里的推杆夺过来。但他刚把推杆搭在铁环上，铁环就"咣当"一声倒在地上，反复如此。父亲见状，耐心地指导他说："刚开始不熟练，可以先把铁环放在地上用手推一下，等铁环滚动起来再把推杆搭上去。"弟弟又按照父亲说的方法尝试着做，但依然不成功。父亲又教他说："不要心急，要保持推杆用力稳定，才能使铁环平稳地滚动。"弟弟听后放松自己，依照父亲传授的要领反复练习，不出半天时间，他就能推着铁环行走自如了。慢慢熟练后，无论是在凹凸不平的路面还是上坡下坡，弟弟都能驾轻就熟。追着铁环奔跑的他，一会走直线，一会走"S"形等奇怪的曲线，尽情地耍酷炫技。有时和小伙伴比赛，调皮的弟弟还会故意和伙伴们的铁环玩碰撞以吓唬他们。

滚铁环看似简单，学习的过程却很考验一个人的恒心和耐心。它满足了男孩子对机械的热爱，也满足了他们对速度和控制力的激情。

八、过家家

过家家是年幼的孩子模仿成人生活的游戏，可以两个或多个孩子一起玩。这个游戏，是孩子以大人在家庭生活中的经历为剧本，随心编排的即兴表演。受大人们居家过日子的耳濡目染，现实生活中的切菜做饭、喂孩子、走亲戚等生活场景都是孩子们模仿的内容。

在家门前的空地上，我们几个小孩无数次玩过这个游戏。年龄最大的姐姐，总会把家里的枕头或父母的衣服拿出来做"孩子"，自作主张地当起"妈妈"，剩下年龄小一点的，则按大小顺序当"姐姐"或"妹妹"。男孩子们都喜欢自告奋勇地当"爸爸"，慢半拍就只有当"哥哥"和"弟弟"的份。各人有了家庭中的身份，便依照自己扮演的角色说话做事。有的小伙伴捡来几块瓦片当碗，抓两把沙子放在瓦片里当饭，有的小伙伴摘来树叶，一片一片撕碎了当青菜。分工合作中，每一个人都认真投入，沉浸其中，俨然是一家人在一起过日子的情形。

从模仿父母每天重复的日常琐事去体验成人生活，尝试做大人的感觉，对年幼的孩子来说是一种新奇的感受，因此这个游戏让孩子们感到非常有趣，并乐此不疲。它表现了儿童对成年人生活的好奇和向往，以及自发学习的积极性，在一定程度上锻炼了孩子们的群居生活能力和自我管理能力。

九、老鹰捉小鸡

老鹰捉小鸡，又叫作"老鹰叼鸡仔"，是既紧张又快乐，既斗志又斗勇的游戏。

在我年少的记忆里，我们常常在学校的操场或家门前宽阔的空地上玩这个热闹又刺激的游戏。先从一群小伙伴中选出两个矫健灵活的来扮老鹰和母鸡，其他的伙伴则全部扮小鸡。游戏开始了，"小鸡"们站在"鸡妈妈"身后，一个接一个扯住前面伙伴的衣服后襟。"鸡妈妈"撑开翅膀站成一个"大"字，目光炯炯地盯住"老鹰"，严阵以待。在"鸡妈妈"的前面，蓄势待发的"老鹰"虎视眈眈地盯着"小鸡"们，满脸杀气，现场气氛剑拔弩张。

突然间，"老鹰"像一根离弦的箭迅疾地飞扑向"小鸡"，看着"老鹰"气势汹汹地扑过来，"母鸡"勇敢迎战，一场事关生死存亡的大搏斗瞬间拉开了帷幕。

正面袭击不成，"老鹰"又转向左右两侧猛攻，像一匹饿极了的狼。"鸡妈妈"毫不畏惧，拼死保护自己的"孩子"，不给"老鹰"任何得逞的机会。"老鹰"一无所获，恼羞成怒，狡猾的他脑子一转，马上想到一个声东击西的办法。他故意先朝左边跑几步，然后又掉头向右边扑去，高度警惕的"母鸡"早有防备，也随之迅速掉头挡住"老鹰"的攻击。

在惊心动魄的"厮杀"中，"小鸡"们始终紧紧抓住前面的尾巴，机灵地应对着"老鹰"的步步紧逼，随着"鸡妈妈"的脚步不停地左右甩动。

屡屡进攻失败，"老鹰"累得气喘吁吁，已经耗费大量体力的他意识到，必须改变进攻策略才能捕到猎物。看着大汗淋漓的"母鸡"，狡黠的"老鹰"又有了新的主意，它故意放慢脚步，佯装疲惫不堪的样子。"鸡妈妈"没有识破"老鹰"的阴谋，一时放松了警惕，就在她喘一口气的当头，"老鹰"抓住千载难逢的机会，以迅雷不及掩耳之势扑向"小鸡"。顿时，一阵惊恐的尖叫声响起，"小鸡"们一个个松开了手四处逃窜，阵脚大乱。等"鸡妈妈"反应过来追向"老鹰"时，"老鹰"已经抓住跑在最后的那只"小鸡",张开大口"吃"掉了他。趁着"老鹰"享受战利品的当口,四散而逃的"小鸡"们一个个惊慌失措地跑回"鸡妈妈"身后,重新接起长龙。看着"老鹰"又准备进攻,"鸡妈妈"含着悲痛重整旗鼓,投入新的保卫战。

在这个游戏里,母鸡的博爱和坚强,老鹰的勇敢和执着,以及小鸡们的团结合作精神,都潜移默化地塑造孩子们的品格。

十、跷跷板

如今回忆起来,玩跷跷板是上小学时才有的事。

那时候,学校里只有一个跷跷板,而喜欢玩的同学又很多,它便成了炙手可热的玩具。想要玩上跷跷板,必须在上课前和同学约好,下课铃声一响就冲出去把跷跷板占住才有机会。

我记忆里的跷跷板,是一块又厚又长的木板,支在一根水泥柱子上,中间装有固定的轴承,木板两端的座位上,各有一个扶手。

第一次玩跷跷板,是和同桌一起,体重比我重很多的她,轻易就能把我翘起来,而我无论怎么用力压,她那边都纹丝不动。见我不知如何是好,同桌放开扶手往前挪了一长段,我使出浑身力气,才勉强让她那端翘起来。为了不使我太吃力,每次轮到我往下压时,同桌的双脚都会在地面上跺一下。

有了一次很费劲的体验,后来再玩跷跷板时,我总会挑选个子和我差不多的同学为伴。和合适的玩伴在一起,我才真正体会到压跷跷板的乐趣,两个人各占跷跷板的一端面对面坐稳,只需轮流用脚在地上轻轻蹬一下,就能被对方轻快地升起来,高低起伏趣味盎然。那种心神俱醉的感觉，让我们直到上课铃声响起仍意犹未尽。

玩跷跷板，需要懂得掌握平衡才能找到快乐，这正如我们的人生。

在描写这些游戏的过程中，我仿佛又回到了遥远的童年时代，和昔日的伙伴们一起沉浸于轻松愉快的游戏当中，心里溢满温情和愉悦。

这些风格各异的游戏，给予我们最原始和质朴的快乐，让我们无限缅怀，它们所具有的浓郁的乡土气息，体现了生活在那个时代的我们的精神面貌和生活情趣。随着时代的快速发展，网络游戏和电子玩具不断涌现，那些曾经风靡一时的古老游戏大半已消亡，只剩下一小部分仍存在于城市和乡村之中，为今天的孩子们所热爱。

追述儿时的游戏，希望能唤起读者对童年生活的美好记忆，重拾儿时的纯真和快乐。愿我们永远保持当初的温暖和善良，保持年轻，勇敢前行。

【作者简介】

王秋招，女，1973年7月出生，江西寻乌人，热爱文学。

风调雨顺庆丰年
——话说寻乌县长举村"九月二十八"民俗

罗志疆　钟清

长举人，额塌塌，

年年望稳九月二十八，

偷得到介，屋卡又煎又辣，

偷唔到介，火烧火辣。

这几句顺口溜说的是坐落在寻乌县城西北面的文峰乡长举村的习俗。每年到农历九月二十八这一天，村中家家户户都要杀鸡、买肉、磨豆腐、煎辣子、做粄子（鱼子粄、红粄子、灰水粄、油齐子、壳咯粄等），买上好酒或用自制的酒酿热情招待前来参加五显帝生日庙会的亲朋好友，说一些家长里短、种养收成的话题，有的还会去五显帝庙烧香祭拜祈愿。此时家家户户亲朋满座，迎客的鞭炮声此伏彼起，整个村庄洋溢着欢声笑语，充满着丰收喜庆的气息。

迎故事（一）

　　未拆迁之前，长举村有 700 多户，3000 多人口。村中以黄姓为大姓，约占全村人口的 60%，此外还有邱、谢、刘、骆、龚等姓。新中国成立前，这里的村民生活比较贫穷，村里也没有茶山，因此到了九月二十八长举庙会的日子，村民们便相邀去附近三标乡的茶山上捡茶籽，拿来打油。于是，便有了本文开头的那几句顺口溜。顺口溜的第一句，是说长举人很穷，穷得额塌塌，于是每年指望九月二十八，穷人打帮客，借此机会打打牙祭。后面说的是胆大能偷到茶籽榨茶油的，九月二十八，家里就能煎辣子又炸粄子；而没偷到茶籽，打不到茶油的人家，锅中油少，煎（或烙）出的粄子便"火烧火辣"。

　　20 世纪 60 年代中期，寻乌县委县政府组织全县人民在长举开山辟地，建起了一个以蜜橘、脐橙为主的果树林场。蜜橘因皮薄肉嫩汁甜无籽无渣而享誉国内外。在果树林场的带动下，长举人以种橘养猪为产业，80% 的农户都有果园，长举人渐渐富起来，过上了好日子。2017 年，长举人年平均收入达 3 万多元。

据村中老人说，农历九月二十八这一天，是五显大帝生日。五显大帝为百姓祛邪除恶，庇佑人间风调雨顺、五谷丰登，村民生活安康。此时秋收已过，颗粒归仓，农事已闲，村民借庆祝五显帝生日，聚一聚，乐一乐，庆祝丰收。外出的族人大都会赶回来过这堪比春节的重要节日。富裕人家自不必说，就是穷苦人家，也要倾其所有，款待到访的亲朋好友。要是哪家没有人上门做客，将受到村里人耻笑，说这家人平时不会做人。

五显大帝生日庆典庙会，据说在长举村已有五百多年的历史，在寻乌的文峰乡、南桥镇、留车镇、水源乡、澄江镇等乡镇也有（国内和海外一些地区也有这个节日），每至这个节日，这几个乡镇都非常热闹，举办菩萨出游、迎故事、舞龙、舞狮、灯彩等展示巡游庆典活动。长举人好客，长举又近县城，所以这里的庙会更是热闹。

迎故事（二）

长举村中心位置（围里），有一座霞光古庙，占地约 180 平方米。此庙始建于明朝，虽说不上高大雄伟，却也古朴肃穆。走进古庙，人们可以看到高约70厘米，端坐神龛，面如重枣，头戴金冠，身穿九龙金丝袍的五显帝木雕塑像。五显帝两旁，立着两尊高约40厘米手持刀枪的小神，身披铠甲，相貌威严，这便是传说中的千里眼、顺风耳。神龛上方，有一题"霞光普照"的长方匾额。匾的下方神桌上香炉里，插满了红香，香烟袅袅。两边的梁柱上，悬有一钟一鼓。善男信女进庙叩拜求签，应先上香烛，然后击鼓鸣钟，虔诚祈祷，以求大帝庇佑，求得一上上签。

为五显大帝祝寿，从前一天（农历九月二十七）下午四时开始闹场，吹奏音乐，恭请五显大帝金身下座，此后一直到第二天凌晨，村民们均到古庙前摆上供品，上香烛，杀鸡，祭祀，唱礼，膜拜。午夜时分，由几位德高望重的长者，为大帝沐浴净身，换上新龙袍（每三年更换一次）。

九月二十八上午巳时，由一位德高望重的长者上香烛，诵读祭文，祝福大帝生辰，拜请五显大帝出宫巡视人间，护佑村民平安如意、丁财两旺、风调雨顺、五谷丰登。三拜之后跌圣玟，卜吉凶。这时击鼓鸣钟,鼓乐手们吹奏起喜庆的《烧香调》《大开门》《过江龙》《下山虎》等民间乐曲，四位德高望重的村民小心抬着大帝金身出宫，按预定路线巡视全村。但见八面色彩鲜艳的三角旌旗为前导，在噼噼啪啪的鞭炮声中，鸣锣开道。此时整个庙会气氛达到高潮。三位老人手捧千里眼、顺风耳、香炉，一位村民手擎红黄相间的宝顶盖,后面是由几位村民抬着端坐在油漆一新、装饰得富丽堂皇的轿中，穿上新袍的五显大帝，五显大帝前面，有两名村民持"肃静""回避"木牌，后面有肩扛"金"字黄旗、手擎长柄扇的几位村民，五显大帝在他们的簇拥下绕村巡视，降福人间。五显大帝后面彩旗飘飘，手持状元走马灯、龙腾狮舞、莲花灯、八仙过海、船灯的村民组成浩浩荡荡的队伍。

迎故事（三）

鼓乐喧天，鞭炮震耳，村道两旁挤满了观看大帝出游的人。巡游队伍所到之处，家家户户早已摆上供品，燃放鞭炮，准备着迎财接福、祈祷平安。此时，整个长举村人山人海，一派欢天喜地、歌舞升平的景象。村中彩灯高挂、彩旗飘扬的彩门，引人注目，彩门两边，一副笔力刚劲的对联写着："帝德无量昭日月，风调雨顺庆丰年。"这副对联，既反映了长举村民在传统习俗的影响下，对五显大帝的尊崇与爱戴，也道出改革开放后，长举村民在党和政府的领导下，随着一项项富民政策的实施，逐渐摆脱了贫困，真正过上了幸福美满好日子的由衷的喜悦。午时，巡游活动结束，回庙宇安神就座，村民再次上香顶礼膜拜，为五显帝祝福，亦为长举村祝福。此刻，肃穆古朴的霞光古庙，在袅袅青烟和鼓乐声中，更显得帝德宏深。但见村中不大的场地上，龙腾狮斗，船灯游唱；与古庙交相辉映的戏台上，活灵活现的木偶戏和精彩的歌舞节目吸引着四方来客。

据庙会理事会人员说，每年的活动经费，大都来自村民、外出乡贤的自愿捐献和四方善男信女奉送的香火钱。对这两笔收入，理事会有严格的财务登记和核算，谁也不敢贪污挪用。每年的收入，除用于庙会活动外，盈余部分，用于村里公益事业。

随着长举村部分拆迁，五显大帝庙搬迁至罗岗头，每年的庙会依然如期进行。

五显大帝是一尊什么神，芸芸众生为什么这样尊崇和爱戴他，以至在寻乌这一方客家之地，得以长期享受人间烟火？这里，有必要对五显大帝的来历做一番介绍。民间传说五显大帝为古代上苍四大神魔之一。晚明时期，闽南书商余象斗等根据民间传说，编纂了明代神魔小说集《四游记》——即东、南、西、北四游记。其中的《南游记》，又名《五显灵官大帝华光天王传》，较为详尽地记述了五显大帝（又名华光大帝、霞光大帝）由神到人，又由人到神的过程。

附：传说三则

一

传说华光原是如来佛法台前的一盏油灯，因听经闻法，日积月累，灯花堆积，被佛祖如来用咒语变成人身，成为佛祖法台前的一名妙吉祥童子。华光变成童子后，由于忤逆如来，烧死独火鬼，被如来赐一天眼，加"五通"（即通天，天中自行；通地，地中自裂；通风，风中无影；通水，水中无碍；通火，火中自在）神通，送往马耳山投胎，取名"三眼灵光"。三眼灵光因盗走三官大帝金枪，放走二妖，被三官大帝用九曲神珠镇住，将他三魂七魄散在半空，无休无止，难成正果。后遇大惠尽慈妙乐天尊，将其魂魄聚拢，送往炎玄天王处投胎，取名"三眼灵耀"。三眼灵耀长成后，拜妙乐天尊为师，又得天尊金刀，炼成三角金砖，奉玉皇大帝之命，擒获风、火二怪有功，被封为"火部兵马大元帅"，自号"华光天王"。

此后，华光天王因闹琼花，打太子，得罪了玉皇大帝，遂被玉帝责去昴日宫待罪。昴日官记前比武之仇，挟嫌报复，华光无奈，反下中界。玉帝听信谗言，令太子率天兵捉拿华光。华光遂投火炎王光佛。受火炎王光佛指教，华光身怀五种神通，投胎于南京徽州府婺源县肖家庄。肖家庄有一殷实富裕人家，户主姓肖名承富，年近四十，仍膝下无子。这一日，其妻范氏在后花园烧香祷告上天，求过往神灵赐她一子，不料被路过此地、吃人成性的吉芝驼圣母生吃了。随后，吉芝驼圣母摇身一变，成了范氏。化作五道金光的华光天王在云端里听到肖承富自言自语说夫人怀胎二十个月仍未分娩，逐定下投胎肖家之意。五更时分，"范氏"一觉醒来，但见眼前五道金光一闪，顿感腹中疼痛，随即产下一状如牛肚的肉团，在地上滚来滚去。

肖承富一看，不知何物，正自惊慌，家人来报，说门外有一僧人求见。这僧人不是别人，正是指点华光下凡投胎的火炎王光佛。僧人进到室内，用戒刀将翻滚的肉球切开，显出五个男婴，即向肖承富合掌施礼道："贫僧恭贺施主喜得五子，这是上天对你平日乐善好施的报答。将来这五子俱能修成正果。"说毕，僧人又为五子取名，即显聪、显明、显正、显志、显德。这一天正好是农历九月二十八日。之后，五兄弟中有四人先后辞别父母，出外修行，只留显德——华光一人在家。华光生母"范氏"，因常在肖家庄吃人，被龙瑞王捉住，送往酆都。华光为寻其母，上穷碧苍，下至黄泉，大闹三界，方救得其母"范氏"。最终华光为佛祖如来收伏，皈依佛道，玉帝敕封其为"玉封佛中上善王显头官大帝"并永镇中界。

迎故事（四）

二

　　赣南客家传说略有不同，说是肖承富见夫人生下一壮如牛壮的东西，即命人抛入庄前水塘中。谁知肉团下水后却久浮水面，被塘中一群戏水的鸭子用嘴啄破，啄出五个男婴。故传说五显大帝视鸭子为救命恩人，从不吃鸭子，因而在供品中，不得出现鸭子。在九月二十八这天，寻乌各乡镇村民也不杀鸭子。

三

　　客家先民从中原辗转南迁时，历经苦难，途经一雾霾阴森之地时，先民们迷路了，被围困了四天，妖魔凶兽频频出现，死去不少人，吓得幸存者哭天喊地，呼儿叫娘。第五天，五显大帝值班巡视人间时，听到嘈杂哭喊声，睁开额中天眼，看到如此情景，大发慈悲，伸手一指，用法力除去了妖魔凶兽，并点亮天火，为民引路。先民们一路跟在那盏灯火后面，走出了魔障之地，择宝居之地安家。由此，五显大帝被奉为客家族人保护神，深受客家人景仰，永享人间烟火供奉。客家人也因此定于每年的农历九月二十八日为五显大帝祝寿。

（本文摄影：刘新忠）

【作者简介】

罗志疆，男，1946年生，江西高安人。1966年毕业于江西省共产主义劳动大学云山分校，1967年10月，在寻乌县参加工作，1967年10月至1980年7月，先后在县农机站、农机厂、汽车修理厂当工人，1984年7月至1995年9月，先后在县总工会、县委宣传部、县文化局工作，1995年9月，调宜春交通稽查征费分局工作，1980年加入赣州地区文联文协，从1980年到2004年20多年间，发表文学新闻作品60余万字。

钟清，女，1969年生，江西定南人。1988年7月毕业于江西省文艺学校赣南分校，后考入赣南师范学院（音乐教育专业）取得本科学历，艺校毕业后一直在寻乌县文化馆从事群众文化和非遗收集整理保护传承工作，曾发表论文《着力建设农村公共文化》《试论寻乌县客家迎故事习俗的文化艺术特征》等，编创有《客家竹板情》《春嘻东江源》《瑶里客家》等舞蹈节目，多次获省市编导奖。

开发山地资源 办好柑橘基地
——寻乌县园艺场创建发展纪实

华有仁

寻乌园艺场，向山地进军，利用荒山坡地，发展柑橘生产，开创果业经济，已历二十五个寒暑，昔日的荒山秃岭，如今是四季常绿的花果山。

一、果断决策

1966年，刘锦洲同志任寻乌县委书记。他看到当时寻乌农业结构单一，宜林的荒山荒坡面积大，城镇待业人员多，财政收入少等情况，萌发了利用荒山兴办柑橘园的设想。不料，设想刚提出，立即遭到人们的质疑，有人怀疑："办柑橘场，谈何容易，一无前例、二无技术、三无种苗、四无资金，办得成么？"有人断言："红壤土不含腐殖质，根本不能种柑橘。"尖锐、刺耳的意见使刘锦洲同志几个晚上辗转难眠，反复地权衡决策的利与弊。经过深思熟虑，在县委常委会上，刘锦洲同志激昂陈词："我县种柑橘问题，大家都听到不少反映，有些意见是对的，有些是不正确的。比如有人说种柑橘没有前例这问题，我们为什么就不能开个先例，偏要跟在他人后头？任何事情都有个开头嘛！况且种柑橘这事也不是前例了，在我县以北有温州，以南有兴宁，就在本县老百姓家中的塘边、园角也有少数栽培，且果实累累。我的意见，组织人员先到兴宁县考察学习，再行定夺。"会后，刘锦洲同志亲自带领有关人员赴兴宁县合水农场实地考察学习，对柑橘特性，栽培技术，气候条件，水土要求等诸方面进行了详细的调查了解。通过考察学习，"排除万难种柑橘，誓把荒山变果园"的决心已在考察人员心中形成，他们满怀信心地向县委作了汇报。为了充分调动大家的积极性，使全县上下拧成一股绳，县委又组织了县属有关局室、各公社负责人到合水农场参观学习。不久，县里便组织力量对全县的荒山坡地进行重点考察，最后，选定县城附近的长举崀为柑橘场基地，并抽调我和管世英同志具体负责开办工作。

二、进军荒山

长举崀，位于县城西北角 2.5 公里处。海拔在 140 米至 350 米之间，坡势平缓，荒芜的红壤土杂草丛生，荆棘遍野。我们在这里建起几间茅草房，安营扎寨，开始了柑橘基地的土地测量、规划设计工作。

1966 年 6 月 1 日，在县委、县政府领导同志的率领下，县属各单位的 1000 余名干部、职工，浩浩荡荡地开赴长举崀，打起了开垦荒山的第一仗。开山大军采用连排建制，各攻一座山头。铁锹银锄在荒凉的山坡上挥舞，欢声笑语在寂寞的长举崀回荡。

夏阳似火，烤得人们汗如雨下，渴了灌一碗凉开水，饿了抓一把干粮充饥，荆棘划破了人们的脸，钢钎锄把磨出了满手的血泡，每到夜晚，躺在床上浑身酸痛。可是，没有人叫苦，没有人退却，经过十天激战，开出了一条条环山路，筑起了一层层梯带，园艺场总面积达 273 亩，使长举崀换了新颜。转眼，已到了初秋时节，就在这个时期，园艺场充实了生产力量，并招收了一批工人，在阵阵秋风中，大家又投入了挖穴、下基肥的战斗……

1966 年春，在国家粮食部赵发生副部长的支持下，从湖南韶阳县调进温州蜜橘幼苗 30000 余株，园艺场种植 16000 余株（其余分配各公社试种）。至此，园艺场初具规模。

三、情系橘园

温州蜜橘千里迢迢迁居寻乌，能否在长举崀扎根、开花、结果？寻乌人民当时都怀着一颗忐忑的心。在这节骨眼上，又传来各种议论：有的说这种东西"娇贵"难以侍候；有的说柑橘"赢弱"，病虫缠身。这样就更加大了职工们的心理压力。其时"文革"浪潮日益高涨，席卷全县，但是，绝大多数职工无暇顾及，每天迎朝阳，送落日，小心翼翼地侍候着 16000 多株新迁来的"伙伴"。但是只凭日夜辛勤的侍候，没有科学的"喂养"的确难以感动这些无灵感的小东西，它们有的满身红蜘蛛，有的叶片卷曲，有的叶片发黄、掉落，有的干枯夭亡。怎么办？职工们心如油煎，学技术、学科学的渴望一下子占据他们的心，于是，全场上下兴起学管理、学技术的热潮。场里采取派出去、请进来的办法，从外地聘请了两名技术员，并先后派出几十名人员南下广东的兴宁、普宁、杨村，西进湖南的东昌、韶阳学习取经。经过一年左右的磨炼，培养了一支技术队伍，职工们管理橘园的水平也普遍提高。

1969 年，果树长势喜人，枝繁叶茂的树上初挂果实。职工们望着这一片片翠绿的橘林，悬起来的心放下了，脸上绽开了甜甜的笑容。三年来，职工们风里来，雨里去，除草，整枝；顶烈日，冒严寒，施肥，打药。脚印布遍了橘园，粪土满身早已司空见惯，蚊虫叮咬成为家常便饭，乏了，唱支歌曲乐一乐，累了，坐在地上歇一歇，晚上与果树为邻，白天与果树作伴。一千多个日日夜夜，职工们心在树上，情系橘园。汗水终于换来了累累硕果，1970 年，柑橘产量达到 18 万斤。柑橘试种成功的喜讯，震动了全县，打破了"红壤土不能种柑橘"的论断，同时，寻乌柑橘园也赢得了省、地领导的赞扬和柑橘专家们的重视。

四、攀登高峰

奖状、锦旗、表扬、赞誉，职工们没有陶醉其中，反而更加虚心，刻苦钻研，向新的目标迈进。

道路不是一帆风顺的，几年间，柑橘产量时起时落。"柑橘生产容易产生大小年，是制约稳产高产的关键"，来场考察的专家们一针见血地提醒。技术人员组织攻关小组，认真查阅大量资料，研究克服方案，制订防治措施，产量开始逐年上升。尔后，技术攻关小组转向橘、橙、柚各类品种的优质高产栽培试验。十年左右时间，科技人员的心血没有白费，职工们的汗水没有白流。

到 1981 年，在桂林召开的全国柑橘鲜果鉴评会上，我场引种的南丰蜜橘获得第一名。1985 年在北京召开的全国鲜果鉴评会上，我场培植的"石子头一号"被评为全国第一名。1986 年全国柑橘罐藏优良品种鉴定会上，经国家科委、轻工部、农工部等九个单位鉴定，"寻乌 1-1-9"达部优标准并获得国家鉴定证书。

寻乌蜜橘，誉满国内，名传四方。远销广州、深圳、北京、天津、上海、哈尔滨、香港、澳门等地，深受顾客青睐。

寻乌园艺场诞生以来，经历了数十个春秋。多年来，寻乌人民用勤劳的双手，终于把沉睡千年的长举崀唤醒，使之成为 3500 余亩的柑橘基地，变成四季常青的花果山。暮春清明，橘花飘香。金秋季节，果实累累，果树迎风摆动，向人们点头致意。

（辑录自《寻乌文史资料》1992 年第 3 辑，略有改动）

调查报告：寻乌县园艺场为何滑坡

刘建东

　　寻乌柑橘连续八次在全国鲜果鉴评会上被评为第一名，并畅销京、津、沪，出口苏联、加拿大、东南亚，供应人民大会堂。寻乌县园艺场经过 28 年的发展，至 1990 年底，拥有固定资产 255 万元，职工 595 人，橘园规模 3500 亩。近年来，该场却出现了以下几点问题：

　　1. 产量徘徊不前。1988—1990 年，柑橘年产量始终在 280 万斤上下，亩产才 803 斤，仅占正常产量的 38.2%。

　　2. 盈亏反映虚假。1988—1990 年，年均账面亏损 12.3 万元，而实际年均亏损 146.7 万元，是账面亏损额的 11.9 倍。

　　3. 拖欠款项严重。1988—1990 年，场内职工拖欠的承包款和职工借支年均达 129 万元，占年上交承包款的 87.8%，占全部流动资金平均占用的 48.9%。

　　4. 投入产出悬殊。1988—1990 年，银行借款年均投入 509 万元，占全县国营农业贷款的 52.8%，占全县农业贷款的 22.3%，其产值分别仅占全县国营农业产值和全县农业产值的 21.3%、

2.3%，年均资金利税率为 -3.5%，而产值资金率年均达 487.3%，以年均 58% 的速度递增。

5. 后劲大大削弱。1988—1990 年，固定资产净值（未提折旧）占原值的比重，生产发展及更新改造基金占专用基金的比重，自有资金占全部流动资金的比重均呈逐年下降的趋势，尤其是自有资金连续三年分文未补。

不难看出，企业的路越走越难，已步入困境，形成这种现状的原因可归纳为以下几点：

1. 企业管理的行政化。一是企业的性质是与各乡镇政府并列的行政机构，内部职能科室设置齐全，管理人员达 83 人，占职工总人数的 14%，高于合理标准 6 个百分点；二是企业缺乏自主权，领导每三年一届的任免，职工的调入与调离，全由县党政领导决定。近年来，县里从稳定大局出发，充分安排就业，已形成庞大的职工队伍，平均每人只管理 176 株柑橘，而合理的标准需管理 300 株以上。照此标准，全场最多只能容纳 350 人，而实际达 595 人。

2. 生产经营的单一性。该场是专门种植柑橘的果场，规模小，实际每人每年只经营柑橘面积 2.5 亩。全年的工作量只需半年左右就能完成，创造的收入只能维持七个月的支出，有五个月的开支，在职工赋闲六个月的情况下，靠银行货款来缓解，仅工资一项就需 50 万元来对付。

3. 承包机制的不完善。一是实行单一的利润承包，各承包组短期行为严重，轻投入，重产出，进行掠夺性经营。1988—1990 年，全场 47 个承包组，没有一组对柑橘进行深翻土壤，增施农家肥，土地有机质严重下降，据华中农业大学章文才教授的测定：土壤中的有机质含量和含氮量只有 0.1%，而柑橘根系的发展所需有机质含量和含氮量要达 2.8%；二是承包约束力太差。该奖的及时兑现，应该罚的得不到处理，造成承包款项拖欠平均以 70% 的年递增速度递增；三是承包基数偏离实际，场部每年单方更改承包合同，破坏了承包合同的严肃性，职工的积极性受到影响。

4. 技术指导跟不上。全场技术人员只占总职工人数的 0.8%，每人要负责 700 亩的柑橘面积，客观上无法进行全部的检查指导，各承包组的工人掌握的技术普遍不全面，又没有经过集中系统地培训，以至在柑橘的施肥、剪枝、打药等方面技术掌握不够，仅 1990 年，就有占产量 50% 的柑橘因用药不当，外观性较差，而不符合外贸出口的标准，大大影响了企业的效益。

5. 未注重更新改造工作。由于采用密、矮、早的种植方法，亩平均种植比平均水准要多 10~20 株，但正常的挂果期为 25 年上下，比平均水准少 5 年左右，至 1990 年底，全场已超过 25 年的柑橘树占总株数的 32.4%，这部分老龄树只达正常产量的 25%，每年少产柑橘 40 万斤，而企业自 1988 年以来从未对老龄树进行更新改种。

6. 戴帽项目脱离实际。柑橘又怕冷又怕热，只有在冷暖适宜的环境才能长好，1982 年，由省里戴帽贷款 80 万元，指令种植夏橙 160 亩，由于夏橙挂果初期气候比较冷，耐不住低温，致使产量只占其他品种的 52.6%，且质酸、皮厚、个小，市场价格只卖到 0.1~0.2 元 / 斤，比其他品种价格低 0.6~0.7 元 / 斤，由此每年影响企业收入 56 万元。

7. 片面追求种植规模，包袱越背越重。1982 年，在赣南应大力发展柑橘生产的呼声中，柑橘种植规模迅速扩大，由 1981 年底的 1100 亩，迅速发展到 1982 年的 3500 亩，增长 218.2%。但是 336 万元的总投资，用银行贷款只解决了 144 万元开山建园、种苗植种投资，其余 4 年内幼树生产管理费留下了 222 万元的硬缺口，每年由银行贷款去填补，致使该场的专用基金超支 324 万元，至 1990 年底，已完工专项工程支出还未结转到固定资产，企业背上了沉重包袱，银行借款的利息支出 1988—1990 年平均达 72 万元，占生产成本的 42.2%。

（辑录自《老区建设》1991 年 08 期，略有改动）

寻乌园艺场转换经营机制的考察

方仁声

寻乌园艺场地处县城西郊，1966年建场，后发展至干部职工487人，土地面积6775亩，果园面积3500亩，资产总额1155万元。该场尚处于小规模时，曾一度十分红火，小小企业一年能上交十几万元税利，职工也曾拿到过大把的奖金，成了人人争着进去的好单位。但由于人员迅速增加，几年工夫职工人数增至679人，管理人员多达130人，同时，果园面积也相应扩大。由于企业负担过重，管理不善，连年亏损，只能靠贷款维持生存，到1995年初，累计亏损1100万元，面临着资不抵债的危险局面，改革已是势在必行了。

1995年初，寻乌县委、县政府组织工作组，县委分管领导挂帅，把园艺场的转制列为企业改革的重点，大胆而又稳妥地进行改制工作。工作组对改制方案反复讨论修改，最后经职工代表大会讨论，县委、县政府研究通过了《寻乌县园艺场转换经营机制方案》和实施细则，他们的改制原则，概括有以下10条：

1. 果树一次性转让，土地租赁期30年。

2. 每个职工只能租一份果树 (3~5 亩)，未租果树的可租荒山种果或请假。原承包职工优先租赁。

3. 原承包职工按原合同，1996—2001 年上交款之和为租赁金。其余按现估价。

4. 租金一次缴清，由银行按 10 年期转贷，职工自行还本付息。

5. 土地租金为种果山地 20 元 / 亩，种果水田 40 元 / 亩。

6. 盘活资金中 100 万元专户存入社保局作职工养老保险。现有退休职工仍享受退休待遇。

7. 保留机构，精减人员，管理人员保留 12 人，职工身份不变。

8. 租赁果树的职工自行缴纳农林特产税。

9. 未被租赁的果树向社会拍卖。

10. 原与外单位和非本场职工签订的合同不变。

实践是检验真理的唯一标准，寻乌园艺场的转制工作主要效果有：

1. 通过租赁拍卖果树盘活了 597 万元资金，盘活固定资产 100 多万元，一次性卸掉了 983.5 万元债务，避免了国有资产流失。

2. 管理人员由 130 人精减到 12 人，开支由 100 万元减至 10 万元，"麻雀"变成"灰喜鹊"。

3. 职工生产积极性高涨，下重肥且加强果园管理，当年下枯饼肥几百吨，改造老果园 1700 亩，种植果树 4 万棵，新开果园 400 亩。

4.1996 年产量翻番，盈利 130 万元，还贷 180 万元，交税 20 万元。1 万元收入的职工 130 户，3 万元以上的 10 户，5 万元以上的 5 户，当年果树长势更好，预计来年收入会大幅度增加。

5.100 万元用于养老保险，有助于人心安定，社会长治久安。

6. 改制的成功为寻乌园艺场迈向现代化企业创造了条件，由它牵头与赣南化肥厂、农药厂、赣州酒厂组建赣南果业股份有限公司，经国务院批准，7 月 2 日上市，成为全国第一家农业上市股份制企业。

寻乌园艺场的改制是成功的，从中可以得到以下启示：

1. 改革是经济发展的动力，国有企业深化改革可以带来活力与生机，但改革必须彻底，一定要产权清晰，权利分明。

2. 改革方案要从实际出发，寻乌园艺场的改制就从农业企业劳动密集、季节性强、生产分散和面对自然与市场双重风险的实际出发，吸取了农村联产承包的成功经验。

3. 改革要坚定又要细致，关键时刻不动摇，又要做细致的思想政治工作。

4. 经济体制改革，要算清经济账。寻乌园艺场算清三笔账，即负担账、亏损账和改制后的效益预测账，得到职工拥护，用最小的改革成本取得了好的效益。

5. 农业企业只要机制好，同样可以创造好的效益。

6. 省委、省政府提出的"山上再造一个江西"，已为寻乌的实践所证实，实施"猪—沼—果"工程，有利于农业的可持续发展。

（辑录自《江西农业经济》1997 年第 5 期，略有改动）

曾经一片橘橙红
——漫话寻乌县果树林场

陈治忠

当踏上黄冈山公园那一条条石板小道、红砖小道，环视小草茵茵，绿树婆娑，你知不知道这里曾经是橘树的世界？你知不知道游人如织的黄冈山公园前身是寻乌县果树林场？"一年好景君须记，最是橙黄橘绿时"，20世纪60—70年代，寻乌县最美的时候，就是林场橘子成熟之时。橙黄橘绿，引无数青年男女流连忘返。

时光倒回20世纪60年代，那时的黄冈山还是一片荒山。

1965年5月，寻乌县委、县人委（时任县委书记刘锦洲，县长凌少宾）召开扩大会议，决定搞多种经营，发展经济。1965年7月，县委、县人委下发《关于发展多种经营的几点意见》的文件，号召种植乌桕、山苍子、油茶等经济林木和柑橘、桃、李、枣、枇杷等果树。

1966年，寻乌县委做出兴办柑橘园的决定。当时有人提出疑问，认为寻乌的气候和土质不一定适合种植柑橘。刘锦洲书记亲自带领一批人马前往兴宁合水农场考察学习，对柑橘特性，柑橘栽培技术，柑橘生长适宜的气候条件，以及对水土的要求等进行详细的调查了解。结果发现那里的气候和土壤与寻乌相似。这次考察，统一了认识，增强了信心。紧接着，县委又组织力量对全县的荒山坡地进行重点考察。最后选定在县城附近的长举崇开辟柑橘基地，抽调华有仁和管世英两位同志具体负责。从农业、林业和水电等部门抽调人马组成指挥部进行规划测量，并请来一些民工开挖条带、挖树坑、种树。这些民工来自附近农村，也有一些外地农民闻讯赶来。挖树坑采取按数报酬的方式，挖一个树坑五六角钱。县属单位职工以及初中、高中一些学生也参加支援。

1966 年春，通过时任国家粮食部副部长赵发生协调，从湖南韶阳县调进温州蜜橘幼苗 30000 余株，果树林场种植 16000 余株（其余分配各公社试种）。还从湖南邵阳请来两位姓岳的技术员进行技术指导。后来又先后派出几十名人员南下广东的兴宁、普宁、杨村，西至湖南的东昌、韶阳学习取经。

县委一个决定，把一处荒山野岭开发成一片果园，同时也催生了一个新单位——寻乌县果树林场，场部建在长举崇（场部建好之前，借用长举养路队的房子，职工则分散寄宿在附近群众家里。1966 年下半年着手建房，次年建好，搬进场部）。场部办公楼为 H 形平房，坐北朝南。中间一排 7 间房，正中一间是大会议室。两边各 4 间房，共 15 间。办公房左侧约 50 米处，坐西向东建了一栋两层楼房的职工宿舍；办公房坎下与办公房平行建了两排平房，也是职工宿舍。

建场伊始，还在长举矮塘子建了一座水库，打算用来储水灌溉果树。后来因过水管道（陶瓷烧制）常被人为破坏，辛辛苦苦建好的水库失去灌溉功能，只好拿来养鱼。

果树林场成立不久，购置了拖拉机、汽车。20世纪60—70年代，除了专门从事客运和货运的寻乌县汽车站和寻乌县汽车队以及从事农田耕作的寻乌县拖拉机站，拥有汽车、拖拉机的单位不多。公路局（那时叫养路段）有一部美国产的老道奇汽车、一部丰收27型拖拉机，食品公司有一部井冈山牌小轿车。果树林场最早购买的是一部手扶式拖拉机作为后勤用车，后来从兴宁机场买来一部南京产的四轮越野车。这车原先是部队用来拖炮的，果树林场用来拉填树坑的稻草、塘泥和做肥料的猪屎等。接着又添置了一部东方红牌拖拉机，东方红拖拉机是个大家伙，中间的车轮比人还高。80年代，果树林场再购置两部国产解放牌汽车，一部进口罗马汽车，一部日本丰田"的士头"车，还有一部专门接送职工上下班的客车。

果树林场当时的人员构成比较复杂，有干部，有固定工人，有合同工，还有下放知青。场里不缺劳动力，但缺少技术力量。副场长管世英科班出身，分管技术，加上两个外地技术员，这就是果树林场的全部技术力量。为了充实技术力量，场里派了职工去湖南学习，场里也办了培训班，副场长管世英亲自当老师，培训职工。1969年，场里分配来了4个大学生、4个中专生，场里的技术人才和文化水平得到进一步充实和提高。1980年，在新场部石子头（现在的看守所）兴办了一所柑橘学校，更为寻乌柑橘产业培育出一大批技术人才。

计划经济时代，物价由有关部门制定。当时果树林场的蜜橘有几种定价：对外销售是 2 角 6 分，这种价格任何人都可以购买。还有一种是批发价，比销售价低一些，2 角 2 分 4 厘。要想用这种价格买到橘子得找场领导批条子，所以又叫"后门价"。别小看这几分几厘钱，须知在当时，物价虽然相当便宜，但人们普遍收入也不高。一个学徒工的月工资才 18 元，正式工人也不过 20 到 30 元。此外，蜜橘还有一种价格又更便宜，才 1 角钱，这是职工内部价，每个职工都有，限量购买。

十几年奋斗，果树林场逐渐发展壮大，成为寻乌县比较大型的单位之一。这同时也证明寻乌的气候和土壤十分适合种植柑橘。1981 年，在桂林召开的全国柑橘鲜果鉴评会上，寻乌县果树林场引种的南丰蜜橘获得第一名。1985 年在北京召开的全国鲜果鉴评会上，寻乌果树林场培植的"石子头一号"名列全国第一。

果树林场栽种的第一批果树是温州蜜柑，后来又尝试栽种脐橙。脐橙最先在一个叫龙背窝（与长举围里相隔一条公路，现在北山公园位置）的地方栽种。品种有门楼、华脐（华盛顿脐橙简称）等。后来又试种过血橙、夏橙等品种，这些品种产量不高，品质欠佳。直到 20 世纪 80 年代，又引进一个新品种，叫纽荷尔（原产美国，四川引进），在五里亭区开始试种。经过比较，纽荷尔这个品种更适应寻乌的土壤和气候。纽荷尔试种成功，向全县推广。

纽荷尔的推广恰逢其时。

1980 年，中国科学院南方山区综合科学考察队在赣南开展了为期七个月的考察调研，撰写了《赣南是得天独厚的柑橘生产基地》的调研报告。时任中共中央总书记的胡耀邦在考察调研报告上作出重要批示。随着胡耀邦总书记关于大力发展柑橘生产的指示公开发表，随着改革开放步伐的加快，除了果树林场，一些集体经济组织以及农村个体农民也开始种植柑橘脐橙，全县范围内掀起种植柑橘脐橙的热潮。

20 世纪 60 年代末，果树林场分来两批赣州知青，为了安置这些知青，成立了向阳坪、担水坑和黄冈山三个队。向阳坪有老房子，那是"五七"干校（又叫集训队）留下来的；担水坑也有老房子，有基础；只有黄冈山还是一片荒凉。于是在一块空坪上修建了一座土砖房，供职工居住生活。80 年代初期，又陆续招来一些职工，成立太塘坪队和五里亭队。此时，果树林场拥有职工 600 余人。除了党委和场部，还设有保卫科、财务科、基建科、生产技术科、供销科、办公室和车队。场部管辖五个队（这些队 80 年代初改称分场，80 年代中期又改称管理区），加上 1969 年划为果树林场管辖的长举大队（现在叫村），果树林场管辖范围达方圆 9 公里，人口 2000 余，这是果树林场最鼎盛的时期。

1969 年，寻乌县果树林场更名"五七"果树林场；1978 年，又更名"园艺场"，单位性质由企业转为事业，但运行模式不变，事业单位企业管理。

至 20 世纪 90 年代，园艺场人员迅速增加，职工人数已经增至 679 人，管理人员队伍庞大，多达 130 人。企业负担过重，入不敷出，连年亏损，只能靠贷款维持生存。到 1995 年初，累计亏损 1100 万元，已经是资不抵债。体制改革被提到议事日程。

1995 年初，寻乌县委、县政府把园艺场的转制列为企业改革的重点，成立工作组，制定改制方案和实施细则，对园艺场实施改制。

1997 年，赣南果业上市，园艺场以国有资产的形式成为赣南果业一个分公司。至 2017 年，园艺场宣布解散，职工买断工龄。

20 世纪 60 年代中期以来，历届县委县政府高度重视果业产业特别是柑橘产业。80 年代提出"希望在山""山上再造"的口号；90 年代果业发展达到新的高潮，县委、县政府号召干部职工参与其中，甚至打出"不种脐橙的干部不是好干部"的口号。不仅山上，就连大片水田，也种上脐橙柑橘。过度开发，连片开发，使果园之间没有留下足够的保护带，乃至黄龙病袭来，如洪水猛兽，势不可挡。

痛定思痛。现在寻乌县重兴柑橘产业，除了花大力气抓好黄龙病的统一防治、综合防治外，还注重合理规划，坚持走科学可持续发展之路。

"待到山花烂漫时，她在丛中笑。"昔日橙橘飘香的长举崇如今是亭台楼阁姹紫嫣红，果树林场已经成为历史，但它曾经的辉煌以及对寻乌柑橘产业发展的贡献将被寻乌人民铭记在心。寻乌人民也不会忘记两次奉献土地的长举村民，第一次奉献，建了果树林场；第二次奉献，建了一座公园、一个客家小镇。

第四章

艺文创作

黄氏族谱序

刘承源

予痛恨乡邦文献零落，人文历史缺失者久矣。庚子之冬，得瑞德上人之助，乃有《百年长举》之役。率诸同仁走村入户，搜罗文献，钩沉抉微。该村刘、曹、侯、骆诸氏皆有旧谱，惟黄氏无。询诸耆老，则曰旧有添丁簿而家乘未修，今簿亦毁于"文革"矣。所见惟一九九四年《江夏堂黄氏联修族谱》一册，盖邻邑安远同宗所纂者也。索而阅之，则仅录世系图表，且生殁多阙，事迹亦无。至于序跋、目录、凡例、村图、祠图、坟图、字派、人物、捐资、尝产，乃至传颂赞铭诸新旧文献，一概缺如。率尔操觚若此，将何以垂诸久远？因忆邑乘所载黄冲廻之儒雅、黄汤铭之德劭、黄天栋之忠贞，暨黄石、黄兆贞之英勇，愈为黄氏而叹息。时有黄子永光来告予曰："余族之谱将重新矣，乞先生一序。"予不文，岂敢为名族作序？惟因缘际会，与黄永光、释瑞德、黄柏超、黄承基诸子颇友善。又因《百年长举》之役谙熟黄氏历史，故不辞谫陋而为之赘言。

考长举黄氏肇基祖才盛公，少时随父由兴国徙安邑，中途父子失散，公独辗转来西水乡石溪堡瑶下湾，创黄屋坪村暂居，后奠基长举。至四世，分子礼、子信、子敏三大房，瓜瓞绵绵，遂成望族。自弘治以降，迄明清鼎革，南赣盗贼蜂起，兵燹频仍，黄氏遂习武以自卫，投军以报国。故四世子敏公例授卫千总；九世德玉公官拜省城都司；十一世天栋公授江南京口镇标右营游击；十二世上卿公任左营总司，景蒂公官拜守府，景芳公由千总而加守府；十三世文煊公任赣州城守营总司，见龙公为羊角营都阃。延至民国，犹有十九世黄石，二十世兆英、兆贞、兆丰诸前辈投身黄埔，盖尚武乃黄氏之本色也。自五世思旭公、六世凤常公入文庠，九世冲廻公出贡，至清季十八世辉华公、飞雄公、锦荣公、如金公游泮，其间书香不断。迄清末民初，十九世炳麟公乃负笈东洋，英杰公就读上海劳动大学，现代教育黄氏亦未尝后于人。如是，则黄氏非仅产悍将劲卒，乃允文允武矣。尤为可道者，黄氏族规整肃，家教森严，忠臣孝子，代不乏人。黄德新字汤铭，年高德劭，族戚推重之，公举乡饮大宾。黄榜名字抡秀，号天栋，崖石寨之役奋不顾身，身先士卒，故得朝廷擢用；任京口游府时礼贤下士，故名宿笪重光、张玉书辈皆乐与之游；旧伤复发仍恪守职责，卒于任上，故朝廷嘉奖荣封三代。黄石谱名鸿钧，字光华，黄埔军校毕业，任上校团长，率部与倭寇血战于尉氏、鄢陵，至身负重伤乃止。黄兆贞，南昌志成中学毕业，文采斐然，有诗文见诸报刊，因痛感民族孱弱，毅然投身黄埔；昆仑关之役，任三十六军某部营长，与倭寇鏖战不退，以身许国，卒售厥志。可歌可泣者非仅此也，撮举一二而已。

《易》云"积善之家，必有余庆"，黄氏既祖德流芳，宜其子孙奕世昌盛，福禄绵远。抑予更有期焉者，自是编之成，使祖德祖训家喻户晓，子弟皆能克绍箕裘为邑人表率。是为序。

在福慧寺的一日

卢美娟

"愿我来世，得菩提时，身如琉璃，内外明彻，净无瑕秽。"年少时偶然在一本书里读到这段话，当时并不知道这出自《药师经》，对文字敏感的我，只为字蕴音律着迷，文中珠玑，随喜捡拾。

晚秋明净的天空下，我站在九米高的地藏菩萨佛像前，仿佛一下子断了尘缘。眼前的地藏菩萨慈眉大耳，左手托着一颗明珠，右手持一根锡杖。地藏菩萨因其"安忍不动，犹如大地，静虑深密，犹如秘藏"而得名，同时以"大孝"和"大愿"的德业被佛教广为弘传。将此汉传佛教的四大菩萨之一的佛像塑于上山人眼即见的寺院前，令人睹之，即刻有化解戾气躁郁的力量。这是一种神奇而美好的感受。

红尘中，汹涌人潮拖着疲惫灵魂东奔西走。

心灵深处，一泓静水倒映出人世悲欢。

长岭几重，岩石苔影，山鸟啼鸣，佛在林间拈花微笑。

楼上传来诵经声。面向大殿，右边是一幢三层半的禅房，黄白相间的主体，朱红漆柱，石砌雕栏，走廊转角挂着佛铃。

诵经声如潮水，一浪一浪直涌心谷。此时脑海竟浮现年少时初读到《药师经》的情景，当年书声犹在耳畔回响。走了那么远的路，攀藤拨草，穿夏越冬，转山转水，伴随着清风明月来到福慧寺。梵呗让我和少年时光劈头重逢，隔着苍茫世间，那本落满尘埃的书籍被地藏菩萨手中的摩尼珠重新照亮。遥远岁月的两端，时间之河辽阔，中年的我和少年的我遥相对话。

往前移步，我没有直接进大殿，而是先到大殿的西侧。西侧空地辟有蔬菜园，种有各种蔬菜，青葱油绿，茬茬相接，应能基本供应寺内所需。

我是被山林边飘忽的经幡吸引过来的。这里有两尊玉佛，我们能见到的这尊艺术形象精致，雍容端庄，在瑞气满盈的圣坛上盘腿而坐，低眉微笑，泰然自若。坛前供着两盘新鲜水果、两盏酥油灯、一炉香、一碗米饭、五碗素菜。另一尊尚未拆封。边上一块红底黄字的牌匾是请玉佛的缘起和功德芳名簿。

玉佛请自缅甸。2018年11月初，福慧寺瑞德法师应北京护法居士之请，率众居士赴缅甸朝礼佛教圣迹。一天，法师在仰光街上用斋时，被隔壁佛具店精美的玉佛吸引，心中甚是欢喜。后在朱瑞华居士提议下决定迎请玉佛回国供奉，随行居士慷慨解囊，广成居士的先生刘政倾心倾力办理国际物流手续，费尽周折。中途托运历时半年，经仰光街、新加坡、香港，至广州入关，再转陆运，佛像漂流一路辗转至寻乌。在春深似海、花满人间时，事遂人愿，功德圆满。

从玉佛供坛出来，我的目光继续朝后侧搜寻，很快在一座刚割开灌木和棘蓬的墓地前停驻，这应该是开山祖行密和尚墓了。

果然，走过荒草地，越过崎岖乱石堆，在祖师殿旧址仅存巨石的前方，看到的墓碑碑文刻有"开山祖圆寂恩师行密上座"大字样，墓地为清雍正七年（1729）仲冬月重修。另外，寺前还见另一晚清民国时所建的"高崇成道真人曹瑞淑何奶宝塔"。

福慧寺，初名高山庵，坐落于寻乌县文峰乡长举村，座西北朝东南，距离县城约三公里。据文献资料记载，行密和尚大约于顺治八年（1651）在高崇山结茅修行。在行密和尚修行十八年后，众人于康熙八年（1669）集资建寺。康熙十五年（1676），由黄天栋出资修建高山庵。黄天栋系长举村人，少年时常去高崇山游玩，对行密和尚许下诺言："予异日若得大志，愿出一施。"黄天栋后当上都督，派堂弟回乡买山施田，赠予庵堂。庵堂于"文革"时被毁。今在原址上重建福慧寺。

诵经声响彻寺院。香烟袅袅飘向云霄，碧蓝天空白云如棉如絮，阳光普照。长阶前的含笑、松柏、竹柏、桂树、金橘，朝夕沐浴于佛光香熏中。水缸浮着睡莲，季节已深，睡意昏沉。枯荷寂阒，成抽象的画，在凝练地思索。三角梅旁逸斜出，恍如幻境般绚丽。云彩栖在大殿翘角，飘逸渺远，檐下铜铃在清风中似摇未摇。

佛家有言："众生眼里皆众生，菩萨眼里皆菩萨。"树木花草不说话，却最知心。因为无言，所以包容了所有的情绪。

佛家又说："众生平等。"这个众生是说一切有情生命，人只是有情众生中的一种，这是最让我感动的认知。感时花溅泪，恨别鸟惊心，春去秋来，雨雪风霜，佛始终悦纳万物，究竟是慈悲，还是太执着？

俯仰天地，思接今古。雍正残碑碑文说，行密和尚结茅高崇山与麋鹿为侣一十八载，宗僧所栽木梓一窝。寥寥行文引起我的极大兴趣。对与麋鹿为侣的真实性我是存疑的，然撰文美丽如诗，为此，我的游思疾驰千里万里，去了佛祖初次讲法的圣地——印度恒河流域的鹿野苑。鹿野苑得名于鹿王替代一头怀孕的母鹿，哀怨地朝国王的弓箭走去的故事。后来国王不再杀生，鹿王带着鹿群自由繁衍生息。再后来的某一天，这片森林迎来那位七步生莲、广受民众爱戴的王子，来寻他的五个伙伴。这位王子就是佛祖释迦牟尼，他在鹿野苑初转法轮，度五比丘。

鹿群已远。娑罗树下，佛入涅槃。千年之后，唐朝有一首禅诗："来时无迹去无踪，去与来时事一同。何须更问浮生事，只此浮生是梦中。"又一千年之后，我眼前善男信女穿梭着，一片虔心赤诚，烧香拜佛、端茶供果。再一千年之后，写诗的人、读诗的人、今日佛前信众、你和我，会在哪里？有怎样的江山和潮汐？一花一世界，一叶一如来。我在花木夹道中步入大雄宝殿。大殿正门微启，门前雄狮威武，释迦牟尼佛的微笑在花影摆动中若隐若现，面颊慈润，双目微闭，宽宏祥和，显示出"一种东方灵魂的高尚梦幻"。宝殿庄严瑰丽，我来到佛前，往右边侧门进入。头顶上方，"大雄宝殿"四个金色大字和云朵相映成趣。

三尊金色大佛端坐莲花宝座上，中间是释迦牟尼佛，左右两边是药师佛和阿弥陀佛。殿内金碧辉煌，两侧是十八罗汉，他们形态各异，通察大千、怒目圆睁、呵欠伸腰、目及四方、其乐陶陶，或举钵，或托塔，或坐鹿，或骑象，个个横生妙趣，意味盎然。

我尾随法会队伍从左到右绕佛。彩绘经文的天花板下，经幢高悬，帷幔飘扬，千手观音、文殊菩萨、普贤菩萨各坐一方，经书与鲜花相伴，钟磬各依其位。佛门的色彩、线条、烛光，肃穆神秘中又觉清泰安悠。

一直有个愿望，能在禅寺里住几天，扫地、伺花、听晨钟暮鼓、上早晚课。寺院的钟声是最神奇的声音，这种金属质地的鸣颤能让你顿时安静下来。小时候看电影《少林寺》，剧情画面记不清多少了，"晨钟惊飞鸟"的歌词，却总在应景之地自动浮现脑海。悠远深沉的钟声惊起林中鸟雀，和内心深处的自己同频共振，跟着鸟儿飞走的是俗世烦忧，自然禅境清净出尘，在这一刻，你是安心的。据说寺之所以用木鱼，是因为鱼的眼睛永远都是睁着的，鱼儿累了最多也就稍微停一会，以此当作休息，故而僧人用此来激励自己昼夜不忘记修行。

继续跟着法会队伍进了香积厨，厨房里义工们在做素食，除了萝卜、青菜、芋头、红薯，还有糍粑煎粄。在往些年，普通人家里头，哪怕闲常日做了糍粄，纯朴的妇娘都会洗净手，在开吃前先装几小碗，一碗敬天，一碗敬神，一碗敬祖宗。这是做农家米果过程中最具仪式感的环节。孩提时，大年初一，穿着新衣服跟着大人汇入去远山寺庙祈福的队伍，乡亲们手里提着香烛、果品、茶点，祈愿新的一年风调雨顺、五谷丰登、国泰民安。整个氛围安庆祥和，一路花鸟相悦，似乎在告诉我们春天就要来了。

中午用斋，我们和福慧寺现任住持瑞德法师共餐。这位年龄和我相仿的出家人面容慈和，举止自若。用斋前，法师和弟子合掌默念，我们跟着合掌。过程虽不是传统的丛林过堂仪式，但碗筷的摆放、添饭加菜的步骤方法，令久浸俗尘的我顿感安宁。大家使用公勺公筷用餐，止语端坐，正念受食。这时刻我才浅略感受到什么是戒律清规。

瑞德法师是具足戒比丘。1997年出家。1998—2001年在安徽九华山佛学院进修。在九华山经历老和尚圆寂后，于2001年9月始精进于厦门闽南佛学院。2005年6月四年本科毕业。毕业后，来到北京灵光寺修行。

用斋后，瑞德法师带我们到三楼客堂用茶。茶具前一个别致的铜质香炉散发出若有若无的幽香，很是有"禅茶一味"的意味。

一座古老禅寺命运多舛，几经风雨。高山庵没落后成为荒野。若干年后，周边民众先后垦荒，种菜种果，唯留大殿位置年年春去春归，葳蕤复荒凉。

古道复苍凉，僧影渺茫，灯火在流年深处忽明忽暗，晚钟萦绕，一圈一圈在群山荡漾，不知沉醉了多少草木秋光……木梓庵堂似乎成了传说。

直到2004年，福建的印成法师来到这里，在高山庵原址上拓荒奠基。初始面积一百多平方米，一年多后，印成因种种原因离开。

印成离去后，宁都演华法师踏上这片土地，继续扩建原址至三百多平方米，在此地留下一串足印后也走了。

2013 年，在井冈山修建有道场的瑞德法师回到家乡，接业装修，办理了宗教活动场所登记证。至目前，福慧寺建有大雄宝殿、禅房、知客室、香积厨、客房等，是县内最具规模的寺院，建设投入数百万元，绝大部分是法师的外地信众供奉的，取自本乡本土的非常少。不久前，北京、厦门的几个居士来此供养修行了一个多月。眼下即将投入建设的，是在原祖师殿位置的一栋两层楼。瑞德法师有着出家人的潜静低敛，他和我们对话无时不见深厚修养。他用极简的介绍性话语讲他的修行经历，讲修建福慧寺的经过和未来规划，却对自己的德业行迹幽隐不言。

寺院每天有早晚课，课时一个半小时左右。早课五点打板，晚课十八点四十五分打板。一年四季有各种法会，除了民间熟知的祈福、念佛法会等，还有四月初八的浴佛节，七月十五的盂兰盆会。

法师带我们参观了前后栋两间藏经室。知客室隔壁的藏经室是法师经常打坐读经的地方，两架书橱经典林列，以《大藏经》为主。书丛中有一个上书"地藏菩萨大愿印"的大信封很惹眼，法师取出地藏印展开铺平给我们看，我们也只能如幼儿识字般观看外观一番，然后小心地拍了一张照。

当我捧起一本经书翻开，大殿诵经声正起，我想，如果念诵的正是我手中的佛经，那是多么美妙神奇的事呀。

另一间藏经室经书相对较少，有关佛教文化的艺术品居多，有唐卡、哈达、彩绘木具、浴佛盆、博古架等。壁上挂有书法作品《心经》，还有一副对联："芒鞋竹杖春三月，经幢梅花梦五更。"

看过一篇文章这样讲，佛教中国化的进程中，对中国文化做了大量传承性的贡献。其中有"四个坚守"：第一，坚守了中华传统建筑；第二，坚守了中华传统服饰；第三，坚守了中国的传统文字；第四，坚守了中国传统的名字。逐条有详尽的阐述，引证大量的典籍典故。

回想起第一次来福慧寺，我见到的不是住持，是眉清目秀戴着眼镜一派斯文的小沙弥，同行友人在楼下问："师父在不在？"沙弥在禅房外答："师父不在，师父下山去了。"声音平静柔和。藏不住的朝气，到底是太年轻。是的，那天我们上山，瑞德法师下山。我们离开寺院，法师回寺院。中途车子在不很宽阔的路上擦肩而过。这也是缘分吧。

第一次见到瑞德法师的徒弟演宗，我首先想到的不是继承和弘扬，作为两个孩子的母亲，我想到的是山河岁月里的另一位母亲，想到红尘中最疼痛的情感体验——思念。佛门清苦或许对于出家人不算什么，可是隔山隔水的妈妈会心疼。听瑞德法师说，徒弟演宗，山东菏泽人，毕业于首都医科大学，参加工作不久后出家，去年来到这里。当我听到演宗路过家门而不入的情节，眼底瞬间腾起雾气，演宗当初为何皈依佛门？师徒二人有着怎样的因缘？这两个问题盘踞我脑海。起先，我不确定演宗愿不愿意多说这些，我俩面对面坐下来时，我说了一些我为什么喜欢文学艺术这样不着边际的话，还谈到摄影师张望的系列作品《佛的足迹》，想以此来轻松氛围，拉近彼此的距离。不想演宗淡淡一笑，和我隔桌而坐，像久别重逢的故人把他的故事讲给我听。

　　此前是人间少年，往后是佛门演宗。小师父回答了盘踞我脑海的两个问题。瑞德法师说，演宗曾在重症病房实习，那里见的都是病危之人，这就更坚定了他出家的决心。

　　演宗谈吐不俗，说话有条理，逻辑性强，自称惭愧演宗。但说天天熏修、影响这颗心，制心一处，无事不办，终能做干净的自己。

　　演宗并不知道我要写福慧寺，不知道要写到寺里的他。我以前认为，佛学是明心见性、答疑解惑的智慧；后来，心悦其隐迹潜踪、自得自在的飘逸出尘；再后来，又执爱禅门的美学，在尘世渐渐变坚硬冷酷的心，藏着不能释怀的悲悯。

　　夏丏尊在《弘一法师之出家》一文中这样结句："近几年以来，我因他的督励，也常亲近佛典，略识因缘之不可思议，知道像他那样的人，是于过去无量数劫种了善根的。他的出家，他的弘法度生，都是夙愿使然，而且都是希有的福德，正应代他欢喜，代众生欢喜，觉得以前的对他不安，对他负责任，不但是自寻烦恼，而且是一种僭妄了。"听了瑞德法师的修行经历和演宗的出家经历，再重读这段话，为之豁然开朗。原来书是要有阅历后，才更能读懂的啊，长路走到哪段，读懂哪段。

　　《无量寿经》说："人在爱欲之中，独生独死，独去独来，苦乐自当，无有代者。善恶变化，追逐所生，道路不同，会见无期。何不于强健时，努力修善，欲何待乎？"

　　弘一大师说："悲欣交集。"

　　瑞德法师说："今生是无穷线上的一个点，生生世世看不到头，无始无终，相似相续，像流水，从源头到大海，每个阶段不一样，主体是同一个，内涵增加了，如一个人的少年中年老年也不一样。"

演宗说："今天你来，我在这里，明天你来，我也许就不在这里了。这就是缘分。"

我说："本只想，做一夕风烟看客，却不小心登了台，入了戏，念着别人的戏文，浓墨重彩地演着自己的浮生。"

夜色袭上衣袖，万物隐没，天地虚静。我起身和瑞德法师告别，下山。在摇摇晃晃、忽上忽下的车上，我不禁低吟起凌天明老师的游福慧寺诗句："入梦幽香渐已赊，春思依旧莽无涯。此身结习除难尽，更怕东风吹落花。""山鸟空啼春昼长，佛前红雨杂炉香。我来顶礼无言说，十万空花梦一场。"一个转弯，眼前空阔，一片黑幕上立起一幅钻石画，城廓清晰，溢彩流光，四周无尽空茫，远处的寻乌小城已举起火把在喊我们回家。

我蓦然心生沐浴着自天而下的花雨走向滚滚红尘的悲壮。

2020 年 12 月

【作者简介】

卢美娟，江西寻乌人，教育机构工作者，江西省作家协会会员，星火寻乌驿驿长。有文字散见于《星火》《交通旅游导报》《江西工人报》《今朝》《散文视界》《赣南日报》等。

夜宿福慧寺

刘华辉

采访结束已是晚上十点，考虑到瑞德法师要休息，我们便起身告辞。他让一位小师父给我俩准备了间客房。那位小沙弥是山东人，身高一米八有余，戴副眼镜，脸庞俊秀，皮肤白皙，嗓音很有磁性。给了钥匙后，他又补充一句："如果感到冷的话，可以找我，到时我给你们再添床被子。"

客房很大，两室一厅，还有间厕所。我俩没有睡意，便往寺院中庭走走，以感受佛门的清净。此刻，不由想起了元丰六年十月十二日夜苏东坡至承天寺寻张怀民的情景："庭下如积水空明，水中藻荇交横，盖竹柏影也。"他笔下的文字，如斜坡中拂过的一阵微风，又如峡谷中淌出的一泓清泉，令人心悦神怡。只可惜，彼时有月，此时却无月，不知这月是否还牵着故人的影子？

祖师殿西侧及寺前各有墓葬一处，可我并不畏惧，反而怀着一种尊崇感，只因为他们都以信仰为生命的主线。何为信仰？比如说，有人喜欢阅读。其实，这只是兴趣罢了。对于真正的写作者来说，他会从世间的每一处地方去感受诗意的情怀，又把它寄寓于笔尖里。文心合一，贯穿一生，便是信仰。

基良兄提议到寺外走走，我欣然应允。不足百步，有一空旷之地，中央有一塔，名曰"一切如来心秘密全身舍利宝箧印陀罗尼经咒塔"。我们站在边上，发现城市夜景正处在两座小山连接处的背后，灯火璀璨，隐隐约约。几根芦苇挡住了视野，露珠在芦苇秆上凝结，犹如虞美人的一颗颗清泪。这里所有的事物，都是浮世中坚韧的生命，从不说及无端的绯闻。一阵风吹来，似乎撞中了我心中的钟鼓，浑厚的声音久散不去。

塔边有一个太阳能念佛机，播放着僧侣们平时诵经的声音。我闭上眼，仰头静听，除了让呼吸平缓些，似乎别无其他。也许是对生命的诠释还不够透彻，也许是佛缘未到。一边向往佛，一边又留念人间烟火，罪过罪过，阿弥陀佛。

曾经，我的心浅如陶钵，容不下许多事。我试着去挖深它，也试着去看清懵懂的世界，直至露出逐渐清晰的骨骼和经脉。经历来经历去，凡事终究还是以糊涂为妙。人这一生，有太多无法言说的遗憾，把它藏在眼泪中。何为看透？也许当情绪从不写在脸上之时……

回到客房，晾衣架上挂着一件僧衣。基良兄说，从未穿着僧衣打坐，今日不妨体验一次。我们俩先后穿上感受，心境略有波澜。高山的夜终究太冷，而被褥又太薄。找下那位小师父？恐怕他已经熟睡了吧。

看来此夜只能在蜷缩与冷颤中度过。冻醒多少次，自己也忘记了。醒来，辗转反复几次，又陷入睡梦中。半睡半醒，仿佛桃花树下半醉的桃花仙。其实我挺羡慕桃花仙，至少他可以把梦种在桃花坞，而我却找不到稻田与篝火。我拉开窗，再去聆听一场诗意的滂沱。

次日五点，我就被"嘎吱嘎吱"的木门声给惊醒。瑞德法师曾嘱咐道，凌晨将有僧侣上早课，我们不必理会，可继续熟睡。六点，有护法居士敲门，唤我们吃早饭。我们揉了揉惺忪的眼睛，外面实在太冷，又睡了回去。

七点，我们洗漱完后，去膳厅吃饭，吃的为面条、黄粄之类的主食，及酸菜、芋头粄、萝卜干之类的副菜。吃完后，走到大殿门口，只见一位女居士正在晾晒萝卜干。寒暄几句后，我们便起身离开。

此行，深刻。

如今，福慧寺香火依然旺盛。

【作者简介】

刘华辉，江西寻乌人。作品散见于《海外文摘》《星火》《延河》从散文诗世界》《作家天地》《中国诗人》等 130 余种报刊杂志。

黄天栋缘结高山庵

骆辉建

（一）

清朝康熙初年，暮春。长举村西高崇山。

淫雨初晴。满山的草木像出浴的处子，一尘不染。司春的神笔，蘸足了鲜嫩的绿，浓淡有致地皴染着这片茂密的山林；刚刚从凄寂中解脱的鸟儿们，此时纷纷秀起了嗓子，此起彼伏，婉转动听；风儿用她温柔的唇，仔仔细细地吻过每一棵树、每一株草，五颜六色的花儿便竞相绽放，丛丛簇簇，颦笑动人。于是，寂寞的林子霎时便灵动起来。使整座山变得奇妙的，却是那飘逸的烟雾，在风中成团作缕，柔舒漫卷。谷底因之变得深不可测，峰头因之变得高不可攀。

好一幅迷人的暮春图哟！想必到了这里的人们，若是踏青的文人骚客，定会倾己所学吟出一组绝妙的诗；若是烧香的少妇村姑，定会用柔美而略带羞涩的嗓子唱一支歌；若是采药的老叟、伐薪的汉子，定会放开嗓门唱几句山歌或发出一声声的呼啸！

"呜——喂——！"

这不，山下此刻便传来一声呼啸，这声呼啸，穿云破雾，直木震动，山鸣谷应，中气十足！"哒哒哒哒……"随着一阵轻快的脚步声，一位壮汉沿着蜿蜒崎岖的小路飞奔上山。他跑到了一处稍平缓的山坡上，放慢脚步，缓缓地呼出一口气，一边活动着身体，一边观赏美丽的风景。

确切地说，这是一个只有十六七岁的小伙子。虽然年龄尚小，却已长成一副高大魁梧身板，比一般成人还要高出一截。站在你面前时，你会觉得他是一棵大树；站在你身后时，你会觉得他是一扇墙！黝黑而略带稚气的脸庞，两道浓眉微微竖起，一双黑白分明的大眼睛不仅炯炯有神，还隐约地射出两道寒光。这眼神，如果迎面触碰到，胆子小的人定会心头发悚，赶紧避开。即便是胆子大的人也会心里微微一怔！两条粗壮的手臂，活动起来咯咯作响，蕴藏着无穷无尽力量！再仔细看他的双手，不仅宽大厚实，十个手指的指节竟比常人多一节！

这位小伙子便是黄天栋，因在兄弟姐妹中排行老五，所以凡是认识他的人都叫他"老五牯"。他也乐于人们这么称呼他（我们也不妨称他老五牯吧）！只见他一甩粗长的辫子，在脖子上绕两圈，挽起袖子扎下马步，凝神运气。"嗨！"突然大喝一声闪电般地打出几拳，拳风阵阵，呼呼作响，枝叶摇晃！"呀——！"又是一声大叫，只见他闪电般向前逼进两步，疾转身形，一招"懒虎伸腰"朝一棵松树蹬去。若在平日，这棵碗口粗的松树必断无疑！但他似乎猛然意识到什么，粗壮的腿便硬生生停在了离松树两三寸的地方！因为收得太急，全身都晃动了一下。

"嘿嘿！"老五牯有点调皮地笑了笑，收起架势。并双手合十，对着身边的松树吐了吐舌头，念了一声"阿弥陀佛！"他身后那几棵松树都是被拦腰折断的，无疑是他往日拳脚下的牺牲品。但松树是顽强的，这不，断口处都已经长出了浓密的小树枝。

"我做到了！"他兴奋地蹦了两下，"这半年多的磨练和领悟，总算有收获！我终于做到了！呜—— 喂——！"

发出这声长长的呼啸，他竟觉得心里有一种从未有过的畅快！山谷里的回声还未落，他便已消失在崎岖而迷蒙的山路上。

（二）

高崇山的北面和东面，是清一色的松树。这片历经数百年风霜雨雪的古松，无疑是这个小世界的强者。天公的神剪，把它们修剪得千姿百态，造型各异：或高大挺拔，巨盖参天；或欹曲多姿，傲然屹立；或短小精悍，凌风舒展。云雾缥缈时，它们就像是仙风道骨的老者，遗世而独立；气朗风清时，它们就像是把酒言欢的骚客，豪歌如涛涌。一条小道如一条奇妙的曲线，在林中呈之字形穿绕着。走完这段铺满松针的幽径，便把这片古松赏了个遍。在山腰的上段，一块青紫色的巨石突兀而起，屹然耸立，在松坡上格外引人注目。望见这块巨石，便可隐隐约约地闻到禅香了。

高山庵就坐落在这块巨石下面。这是一栋看上去近乎普通的平房：黛瓦灰墙，石槛木户。全然没有典型寺庙那斗拱飞檐、红门漆柱的气派。但那长年缭绕的香烟和每天准点的晨钟暮鼓，告诉人们：它是佛家净地。瓦房不远处还有两间低矮的小屋，屋顶上盖着杉树皮。这是兴建庵堂时的临时供奉菩萨的地方。现在一间用来堆放杂物柴草，另一间成了浴室。庵堂前是一块长宽约十多步的泥坪，打扫得干干净净。泥坪边沿种着各种各样的花草，常年星星点点地开着各种各样的花，为这栋瓦屋增添了几分雅致。门坪下的坡地上是菜园和果树林。当你站在门坪上，听着阵阵松涛，望着前方山口外延绵起伏的群山、若隐若现的村庄，会不由感叹：这里真是远离人间纷争、修心养性的好地方！

离庵堂右侧不远的树林里，一个中等身材、山民打扮的汉子扛着一段枯木，吃力地朝庵堂这边走着。脚下的路则是所谓的"野猪路"，空着手都难走，何况背负着重物。虽然离下方的路只有百余步了，但他那瘦弱的身子骨实在支持不住了，只得将木头放下来歇脚。当他取下斗笠扇凉时，脑门上的几个戒疤告诉人们，他是个出家人。

他便是高山庵住持行密。说是住持，实际上只有他一个人，庵里庵外大事小事都是他自己在做。僧衣也只有一套，他也舍不得穿，只有较重要的场合才会穿在身上。平日里都穿着俗家人的衣服。这段枯木是他从山中拾来当柴烧的，估计有一百五十多斤。

"哒哒哒哒……"路上由远而近突然传来一阵脚步声！只见一个魁梧的身影一闪而过，一阵风似地跑到庵堂边的矮屋后面，瞬间就不见了！

这是谁？这么灵活的身手！他来干什么…… 行密站起身来，想看个究竟，不料手中的木头竟然没有抓住，一下子顺着山坡溜下去，"咚咚咚"地滚到了山沟里！虽然山沟里没有人，但他还惊出了一身冷汗！连连念道："阿弥陀佛！阿弥陀佛！"

过了一会儿，又传来一阵杂乱的脚步声，跑过来七八个汉子。也许跑了很远的山路吧，他们个个都满头大汗，上气不接下气。衣裤上泥渍斑斑，头上也沾着碎草，其中两个人辫子都散开了，样子十分狼狈。他们都操着棍棒扁担，看上去个个满面杀气。

"这龟子……跑……跑得……比猿子……还快！"其中一个满面横肉的大个子，看上去三十多岁，一边呼哧呼哧地喘气，一边嚷道："让我抓住……非宰了他……快追！……准是躲到……庵堂去了！"一伙人气势汹汹地来到庵堂，里里外外搜了个遍，却连人影也没有！他们找不着人，就吃起供果来，又蹿到厨房，把锅里的一钵毛芋一抢而空，还扔了一地的芋皮；见到老屋边有一缸清水，便一齐凑上去喝，一片瓢被抢来抢去，最后还被扔到地上。那股清凉澄澈的泉水是从巨石下流出来的，主人用竹卷把水引到这儿，方便饮用。水缸盛满了就溢出来，从屋后的水沟流下山去。

"他妈的，是个穷庙！"那个领头的大个子，不甘心地跺跺脚。一抬头看见远远走来的行密，便扯着嗓门叫道："嗨！和尚！问下你，有没有看见一个后生仔跑到这里来？个子长得比我还高些！"

"阿弥陀佛，阿弥陀佛！"行密摇摇头，双手合十，平静地望着这伙人。"阿弥陀阿弥陀阿你的死！快说！"大个子不耐烦了："你看清楚，我们可是县城来的，别惹打哦！"

"阿弥陀佛！各位施主别发火。和尚有几句话，各位施主请听——"，行密一边用斗笠扇凉，一边缓缓地说：

"佛家清净地，妄语亵空门。孽重殃家室，善行衍子孙！"

这些二流子烂鬼哪里听得懂？你看看我，我看看你。

"死光头和尚！说这些听不懂的话故意捉弄我们吧？肉痒是不是？！"那个大个子一撸袖子，手臂上刺着一条张牙舞爪的龙。他瞪着眼正要找行密的麻烦，突然听到山沟里树枝一阵晃动！紧接着"扑通"一声，像是重物滚动的声音。

"那龟子在下面！快追！"七八个人几乎同时嚎叫起来。一伙人连滚带爬地下到山沟，顺着溪水追去了！

"阿弥陀佛！"行密叹了口气，赶紧走进佛厅，看到只是被吃光了供果，这才放下心来。走到矮屋边，拾起地上的瓢洗干净，舀起山泉咕噜咕噜一口气喝了半瓢。

"阿弥陀佛！阿弥陀佛！唉——！"他想这么远背来的木头，好不容易就要到屋了，却滚到深沟里去了！他无奈地摇摇头，用衣袖擦了擦脸上的汗水，拿起扫帚扫起地来。

"嚓嚓、嚓嚓……"山沟里又传来树枝摆动的声音！行密暗自一愣，莫非那些人又回来了？赶忙去看个究竟，只见一个大汉稳稳地爬了上来，腋下还夹着一段木头！这么陡的坡，他似乎一点都不费劲。

行密一看，正是刚才滚下去的那根木头。也正是这根木头，快滚到谷底时被树枝卡住，卡了一会又滚入谷底，把那伙烂鬼引走。

"阿弥陀佛！多谢施主！"

"龚二叔！"

随着一声洪亮的叫唤，大汉已把木头搬到了门坪上。只见他身材魁梧，浓眉大眼，笑起来却稚气犹存。

行密俗姓龚，长举村人，兄弟姐妹中排行老二。出家二十多年来，大多数人都叫他的法号，只有极少数熟人私下叫他"龚二"。这人一声"龚二叔"，叫得他莫名其妙。

"阿弥陀佛，和尚行密，施主是……？"

"龚二叔！是我！您不认识我了吗？我是老五牯啊！"

"哦！老五牯！阿弥陀佛！"行密这才想起来，是本村黄屋兴卷老哥家的老五牯。一个蛮得出名的老五牯！小时候常跟随大人来庵堂。没想到几年不见，竟然长成了大汉子！

"老五牯，你怎么会招惹上那伙人？怎么又会跑到这里来？"

"那伙赖皮狗！……赌输了赖帐不算，还敢对我动手！哈哈！他们的人被我教训了一顿！"老五牯越说越得意："我下广东两三年，武功可不是白练的！"

"阿弥陀佛！原来是赌博打架！既然打赢了，还用逃命？"

老五牯黝黑的脸"唰"地涨成了紫色，睁大眼睛拧着脖子说："这哪里是逃？我是双拳难敌四手！……不知怎么地就跑到这里了。其实我刚才就蹲在巨石后面，只要他们敢打你，我就……"

"阿弥陀佛！等你双拳能敌四手了，他们一定会讨好你，和你称兄道弟了！"

"龚二叔你怎么乱说！"老五牯的脸再次涨成紫色，忿忿地说："我黄抡秀怎么会与二流子烂鬼称兄道弟，我练武艺是要报效国家，光宗耀祖！"他重重地跺了一下脚，大声地说："我……我……

我绝不赌了！"

"阿弥陀佛！绝不赌了？ 做得到吗？和尚我倒要看看。"

"我说到做到，做不到就是猪狗！"

行密见他说得斩钉截铁，才略感欣慰。他知道这孩子扳得正就是栋梁，扳不正就是流氓。

"对不住了，龚二叔，我不该把他们引到这里来……"

"阿弥陀佛，没事！"行密指着满地的芋子皮说："只是我的午饭没指望了！"

"您的午饭就吃芋子？不煮饭吃吗？"

"庵里那点单季田，一年只能收三四石谷。三荒四月，青黄不接，吃蕃薯芋子充饥是经常的事了。不说了，我得去挖些芋子来。"

望着行密的背影，这个家中宽裕从不知道愁滋味的小伙子，竟深深地叹了一口气。以前总以为出家人四大皆空、逍遥自在，没想到竟过得如此清苦。

（三）

冬日的高崇山，除了雪下得早，就是风大。那刮不完的风，无孔不入。你关了窗户，它就从门缝里钻进屋。天晴时，满山的古松被吹得摆来摆去，涛声汹涌，早上响到夜晚；下雨天，满山的草木就像罩着一层厚厚的玻璃，晶莹剔透。此时的高崇山，仿佛成了经书上说的琉璃界。但山里的人都知道，这时候的风，就像一把无形的刀，刮在人的脸上，那痛是难以形容的；刮在树上，嗖嗖作响，生脆的枝杈断裂声，此起彼伏。

这样的天气，行密并没有躲在屋里烤火。天稍放晴，便拿了把柴刀诵着经出了门。下山的路上落了许多大大小小的枯枝，有时整棵树倒下来，使得原本崎岖的小路无法行走。行密把沿途捡拾的树枝一把把用藤条绑好，准备一趟一趟背回去。既疏通了道路，又捡到了柴火。后天开始，上山还福的香客将越来越多。

"呜——喂——！"这时谷底传来一声呼啸，清脆悠长，山鸣谷应，中气十足！

"阿弥陀佛！是老五牯！"行密自言自语地说。他对这声呼啸再熟悉不过了，每次他的到来，总会发出一两声呼啸。令他欣慰的是，这一年多时间里，他真的未踏入赌场一步！前阵子他父亲兴卷老哥还亲自上山致谢，并捐了油和米。

"哒哒哒哒！"随着轻快的脚步声，老五牯便一阵风似地来到了跟前，笑嘻嘻地说："龚二叔，我又来蹭饭吃了！"

"阿弥陀佛。"行密每次听他这样说，总是不说什么，只念一声佛。因为这老五牯从不吝惜浑身的力气，来了总是帮着做这做那。做得最多的，就是劈柴。常人难以劈开的老树兜，在他斧子下都不是难事。

"我来！"老五牯见行密正满身冰渣，在吃力地砍着一棵横在路上的树，便接过柴刀，三下两下就砍断了，一只手拽起来就走，另一只手还提一捆柴。十多捆的柴，原本估计要一天才背得回来，有他帮助，不到半天就全部堆到了屋后。

他俩的午饭是青菜煮粥，还掺了一把新鲜香菇，算是丰盛的午饭了。老五牯是逢饭吃饭，逢粥喝粥，逢杂粮吃杂粮。"一切随缘！"这是他从行密那里学来的话。

饭后，喝茶聊天，是老五牯最高兴的事了。这位龚二叔曾是云游僧，见多识广。和他聊天，开心的同时能学到很多东西。这也是他经常大老远跑到高山庵来的原因。

正聊得高兴，却听到屋后传来几声动物的尖叫。紧接着便有个东西跌跌撞撞跑出树林，一头扎进柴草间去了。"是黄猄！"行密凭叫声便知道是什么动物。于是两人赶忙走到矮屋前，发现地上有几点血迹，便迅速扫干净，并把柴草间的门锁上。这一切看得老五牯莫名其妙。想问行密，行密直摆手，叫他快回屋里。刚坐下不久，便看到有两个人跑出树林，两人都拿着长矛，其中一个还背着弓。累得呼哧呼哧直吐白气，鼻子耳朵冻得通红也不顾，却俯身低头在地上寻找什么。

"真奇怪，明明见它朝这边跑的。地上一滴血也没有。"还跑到柴草间窗前窥觑，但里头暗幽幽的，看不清。

"行密师傅！"年纪稍大的猎人一边东张西望，一边问道："您看见一只黄猄吗？被我射伤了，应该是跑到这里来了。"

"阿弥陀佛！两位施主进来喝杯茶暖暖身子！"行密双手合十，并做了个请的手势。这两个人他认识，其中一个还是本村人。

"哟，老五牯也在？我们不喝茶，找到黄猄就走。您看见了吗？"那位年轻些的猎人看看行密，又看看老五牯："行密师傅，我们指望着这只猄子换点钱籴米哦！"

"我们一直在喝茶，没有看见有什么猄子啊！"未等行密开口，老五牯抢着答道。

"我明明见它跑到这……"那位年轻猎人还想说,却被老五牯有点吓人的眼神盯得背脊冒汗!

"那好,我们到别的地方找找吧。我们走啦!"年纪大些的猎人,拉着同伴赶紧下山去了。

估计他们走远了,老五牯有点激动地站起来,低声说:"把它宰了吧,我来动手,您不用管!咱们……"

"阿弥陀佛,跟我来。"谁知行密把脸一沉,在抽屉里拿了只小罐子,径自走到柴草间,开了锁。只见那只黄猄躲在柴堆后面,瑟瑟发抖,后臀有一道伤口,正渗着血。行密轻声对老五牯说:"你进去想办法按住它,要小心!"

"小事,看我的!"老五牯走过去,闪电般出手抓住猄子角,迅速把它按倒。那黄猄拼命挣扎却动弹不得。行密这才敢靠近,用布条轻轻拭去它伤口上的脏东西,从小罐子里倒出些药粉,洒在伤口上。

"什么,您这是要把它放了?"老五牯急了:"这到口的肉……"行密双手合十,缓缓地说:"阿弥陀佛。救它一命,胜造七级浮屠。它跑到庵里来,就是指望我们救它。"

"龚二叔,不,行密师傅,您是个真和尚!我刚才还以为您……我想错了!"

这时行密已退出柴草间,远远喊道:"阿弥陀佛。可以放它走了。"老五牯一松手,那黄猄便迅速翻身站起来,飞快地跑出柴草间,进了密林。

"行密师傅！"那两个猎人从藏身之处走出来，跑过来对着行密深深地施了个礼："您是个真心吃斋念佛的人，我们敬佩！其实我看到平时不锁的柴草间上了锁，我们就知道猓子准在里面。所以我们躲起来看看您怎么办，您要是把它宰了，我们就冲出来拼了命也要抢回来！"那位轻猎人苦笑着说："我们打心底里敬佩您！只是没有了猎物，我们一家子又要……"年纪大些的猎人赶忙拉了他的袖子阻止他说下去，并向行密施礼告辞。

"阿弥陀佛。两位等一下！"行密说完赶忙进了屋，不一会拿出半袋米，有点吃力地交到他们手上。

两人连连摆手："我们怎么能拿您的米？您自己都经常吃杂粮，这点我们全清楚。"行密硬把米塞给他们："拿去对付几天吧，我还有米煮。"

"龚二叔！"老五牯在旁边看着行密的一举一动，深情地说："如果我以后有发达之日，定将我的田，施舍给庵堂！"

（四）

腊月底了，山外的人们都忙忙碌碌地置办年货，高崇山格外冷清，只有那刮不完的寒风在吼叫着。诵完早经，行密便来到菜地忙开了。他要把压在菜叶上的冰雪敲掉，否则所有的菜都会被冻"熟"。他用一根小木棍轻轻敲着，并将菜芯上碎冰弄干净。

这时，路上出现三个人影，鬼头鬼脑地朝庵堂这边望着，交头接耳谈了一阵，藏进了路边的树林。而行密毫无察觉，他抱着一把刚摘的青菜进了屋。

芋子煮青菜，便是行密今天的早饭。其实柜子里有一些米，他只是舍不得吃，他想留到明年招待远来的香客。吃到一半，便觉得头有些晕，赶忙来到佛厅打坐念经。过了好一阵才觉得舒服些。其实这是长期营养不良造成的体虚，他则认为是怠慢了菩萨。

"阿弥陀佛。"

他回到饭桌前，又念了一声佛。刚要动筷，突然冲进三个蒙面持刀人，其中两个用尖刀抵住了他的脖子。

"阿弥陀佛。"行密放下筷子，高声念了一句佛："三位施主，有何贵干？不知这是个穷庙吗？"

"我们不杀你，把功德箱打开！"另一个大个子走到行密面前，用尖刀把桌上的碗狠狠地拨到地上，"叭"的一声碗碎了。三人用尖刀将行密押到佛厅功德箱前，吼道："快打开！"

"阿弥陀佛！锁匙在山东施主手里！"谁知那大个子狠狠地踢他一脚，行密立即摔倒在地，他忍着痛站起来，用身体护住佛像，不断地念佛。

"砸开！"大个子一声令下，其中一个歹徒找来一把劈柴斧，一阵乱劈之后，功德箱终于被劈开了，但里面只有几个铜钱！大个子狠狠地朝功德箱踹了一脚，一把抓住行密的衣襟："把钱藏哪里了？快拿出来！老子已背了几条人命，再多一条也不在乎！"

"阿弥陀佛。"行密双手合十，淡淡地说："我说过这是个穷庙。"

"给我搜！"大个子一把将行密推倒开，伸手抓起佛像，仔细一看只是一尊普通瓷器佛像，就要往地上摔……

只见行密疯了一样，猛扑过去夺下佛像，死死抱在怀里，任凭他们拳打脚踢也不放手。这尊佛像对他来说意义非凡，是他初入佛门时师父所赐，二十多年来一直伴随着他。

三个歹徒不敢往死里打，打了一阵便四处搜寻财物，怎奈什么也没有。最后他们撬开禅房的米柜，抢走了仅有的半袋米。

"站住！"当三个歹徒骂骂咧咧准备离开时，却被一个飞奔上山的大汉子堵个正着！为首的大个子见对方只有一个人，又是个面带稚气的小伙子，便怪叫一声扑了过去，一把尖刀瞬间划出三道寒光，见没刺着，又闪电般一脚朝对方裆部踢去，他这一招既阴毒又劲道十足，没想又落空！顿时恼怒地大吼一声，又是一道寒光直奔对方咽喉！没想到手腕却被对方捉住！大个子正暗吃一惊，不料下巴上结结实实地挨了一拳，"哼"了一声软瘫在地。另外两个歹徒见势不妙，拔腿就跑。

"站住！"那大汉子飞奔几步，转眼便挡在了两个歹徒前面。两个歹徒见走不了，便同时挥舞着尖刀刺向大汉子！那大汉子已不躲闪，猛伸双手将两人的手逮个正着！猛一用劲，两人"哎呦"一声，手上的尖刀叮当落地。谁知其中一个歹徒，又摸出一把尖刀，疯狂地刺向大汉子肋部！

"老五牯小心！"这时行密已摇摇晃晃走出屋来，见到老五牯正与歹徒搏斗并处境危急，便忍痛喊话！说时迟那时快，只见老五牯猛抬右腿，后发先至地踢向对方腋下，那歹徒一声惨叫，倒地不起。另一个歹徒见状连忙跪下求饶。哪知老五牯打得正起劲，仍旧一拳照其面部击去。

"停手！"行密见状急忙阻止。但为期已晚，老五牯的拳头虽减了些力度，还是重重地击向对方面部。只见对方惨叫一声，倒地挣扎！

这时大个子歹徒已勉强爬起，搀起两个同伙要逃命。又被老五牯拦住，并喝令他们扯下蒙面布。

"阿弥陀佛。"行密肿着半边脸，艰难地走过来，拦住了老五牯："得饶人处且饶人，让他们走吧！"然后指着三个歹徒："走吧，路在你们的脚下，今后的路怎么走，可要想清楚。记住，多行不义必自毙。"

"是，是，是！谢谢法师教诲！"三人双手合十朝行密行了个礼，互相搀扶着下山去了。

"龚二叔！您真是菩萨心肠！他们把您打成这样，您却为他们着想！"

"阿弥陀佛。"行密岔开话题："老五牯，你的武艺大有长进！现在真的是双拳能敌四手了！不过……"

"不过什么？"正听得满心欢喜的老五牯，却被一瓢冷水浇得愣在当场。但行密却不说话，摇晃着进了屋。老五牯拾起歹徒留下的米和铜钱，连忙追了进去。只见佛厅一片狼藉：功德箱破了，香炉灰、香头也洒了一地。于是赶忙帮着收拾打扫。

"阿弥陀佛。佛像安然无恙，就是不幸中的万幸了。"行密艰难地跪下顶礼，并念了一段经。然后艰难地站起来，并阻止了老五牯的搀扶，扶着墙回到禅房，他认为只要自己还能勉强支撑，就不能依赖别人。一切需要自己顽强面对！他从抽屉里拿出一个小罐子，倒出些药粉含在嘴里。这药粉能治外伤也能治内伤。药方是他师父传授的，二十多年来，他用它救治了很多人。

"龚二叔，不过什么？现在可以说了吗？"老五牯赶紧倒了一杯茶，双手递了过去。

"阿弥陀佛。我先讲一个我亲眼所见的事。"行密缓缓地坐下来，又喝了口茶："我在浙江认识一位开武馆的李师傅，河南人。掌上功夫了得，一双肉掌能劈断青石，够厉害吧！然而他却很少和人比武，实在推辞不掉才会出手。有一次，一个广东来的赵师傅，专程来找他比武。李师傅以礼相待，百般推辞。但那个赵师傅执意要比试，因为他也想在附近开武馆，赢了他才站得稳脚跟。于是两人约了时间地点比武，当时有几百人围观。起初两人你来我往，不相上下。后来李师傅越打越快，赵师傅渐渐就处在了下风，连连后退，肩膀上挨了一掌，便站不稳了。李师傅趁势贴上身，运足力气一掌朝对方胸口拍去，这时赵师傅已无法防守，只有闭目等死。谁知李师傅的掌竟然在离对方胸口两三寸时，猛然停住！那个赵师傅当场下拜，心服口服。"

老五牯听得连连点头。

行密讲到了这里，喝了口水，接着说："刚才那个歹徒，已跪地求饶，你听到了我喊停手，但你依然打伤了他。你想停，却停不了。这便是你的武艺所欠的火候。"行密对老五牯笑了笑："我不会武艺，说得有没有道理，你自己仔细想想吧。"

"您说得太对了！"老五牯激动地站起来："您点中了我的正穴！我一直以为自己天下无敌了，看来我还要在苦练中领悟！"

"阿弥陀佛。你年轻又有悟性。我相信你定会有所突破的！"

（五）

　　暮春的高山庵果树林里，行密在忙碌着。今年恰好是大年，只见园中枝繁叶茂，果实累累。桃、李、枇杷……把树枝都压弯了，好像一阵风吹来就会折断似的。或许是地理条件的原因，这里种植的水果，果实比别处要甜得多。所以每年都有人上山来收购。行密抱来一捆带叉的树枝，小心地把果树撑起来。昨天山东施主捎口信来说，过两天会有人来收购枇杷，届时油盐酱醋的开销便有了着落。

　　待行密撑完所有下垂的果树枝，才发现身上几乎全被露水打湿了。一阵晨风吹来，不觉寒意袭身，微微颤抖起来。于是随手摘了一把枇杷，赶紧进屋换衣服。还煮了一碗葱姜茶趁热喝下去。他知道，自己不能病倒，否则不但无人侍候，庵里庵外的事也无人打理。

　　"呜——喂——"一声呼啸传来，清脆悠长，中气十足！

　　"阿弥陀佛。阿弥陀佛。"他已猜到来者是谁。不由一阵莫名的激动，行密自己也觉得奇怪。于是定下神来念了一会儿经，才平静地出门朝路口走去。刚刚站定，老五牯已飞奔而来。

　　"龚二叔，不，行密师傅！"老五牯一脸兴奋，一反常态地朝行密施礼。弄得行密有点莫名其妙，这老五牯可是一贯大大咧咧、不拘礼数的人。半年多不见，似乎成熟了许多。但笑起来仍旧面带稚气。

　　"我做到了！终于做到了！"老五牯兴奋地说着，并拉开架势使了几招腿法，快如闪电，变化多端，流畅自如！

"阿弥陀佛。"行密心中明白，却装出一脸糊涂："你终于做到了什么？这么高兴？"

"我的武艺已经练到随心所欲、收放自如的境界了！"老五牯盯着行密的脸，兴奋得有点焦急。

"哪有这么容易？ 你是在说梦话吧？"行密一脸的不屑。

"我可以证明给你看！"

"好吧！"行密话音未落，手中的一只枇杷用最快的速度朝老五牯头上扔去！只见老五牯闪电般出腿，还没看清怎么踢的，枇杷便疾飞出去，弹在墙壁上碎了！

行密不露声色，淡淡地说："比以前是快了一点点，不过你说的随心所欲收放自如，我可要眼见为实哦！"他指了指路边的一棵水桶一般粗的古松："你对它拳打脚踢，听到我喊停，你就得停！"

"好，就听您的！"老五牯信心十足地点点头，一个箭步冲过去，"嗨！"的一声朝树干踹去！只见粗壮的古松猛地一颤，松针落了一地！

"呀——"老五牯疾进身形，猛一蹲身使出一招双风贯耳两拳同时出击，顿时树身颤动，树皮脱落！接着他又使出几招，打得树身都烂了，渗出松脂来。而老五牯的双拳只是微微发红。而行密就在旁边看着，却一声不吭。

"您怎么不喊停啊？"老五牯奇怪地问，而行密笑着说："我看得眼花缭乱，竟忘了要喊停！"

"好吧，那我再来！"老五牯把手关节弄得咯咯作响，又要运气打拳踢腿，行密却阻止了他："别试了，再试这棵树就活不成了！你的武艺确实精进了很多，可喜可贺！"

两人回到门坪上，行密指着放在地上的其中一根木头说："这还是你帮我从山沟里拖上来的，你辛苦一下帮我劈开吧，我实在劈不动。"老五牯一看，二话不说，找来斧头马上开劈。只见他运足力气，三下两下就把木头劈成两半。"再劈碎一点！"行密蹲在旁边看着，不时点头。"好咧！"老五牯高高举起斧头，疾速下劈。斧头下劈到一半时，骇然发现行密的手正放在木头上！便猛然收斧，斧头刃在离行密的手两三寸的地方，硬生生地停住！

"龚二叔，您这是干什么！"老五牯双眼瞪得老大，大声抱怨，额头上冒着豆大的汗珠！也难怪他惊心动魄，斧头万一收不住，行密的手将被齐刷刷斩断！

"好你个老五牯！果然了得！这回我相信你了！"行密也擦着脑门上的汗："你真的做到了！"

"原来您这是在测试我啊？这不是玩命吗？"老五牯如梦初醒，自己也搞不清楚，当时居然收住了，到现在心头还怦怦直跳！

五六段的木头，劈碎后整整齐齐摆放了一大堆，足可以烧上好几个月。

吃午饭时，行密特地为老五牯蒸了满满一钵米饭，还有一碟木耳炒蒜苗。自己却仍然吃青菜煮粥。老五牯也不推辞，端起来就吃。他是早已饥肠辘辘。

饭后喝茶聊天，当谈到今后的打算，老五牯一腔热血，踌躇满志。语气却异常平和，跟他那犹带稚气的脸，有点不太相称。他认为自己既然不是读书的料，就必须走出一条适合自身条件的路来。现在的武艺，虽不敢说登峰造极，却也足以实现自己的夙愿：报效国家，光宗耀祖。前几天跟家里以及房族梓叔商量过，大家都同意他去投军。

"阿弥陀佛。"行密双手合十，目光中充满了赞许和欣慰："老五牯，你长大了！"

"龚二叔，不，行密师傅！"老五牯站起身来，双手合十："我今天上山，其实就是来向您辞行的，过几天就动身去赣州府。"他望着这位岁属中年却胡子花白的僧人，心头充满了敬意。这份敬意从某种角度来说，甚至超过了自己的父亲！

"行密师傅……"老五牯本来有满肚子的话，却不知从何说起。这些年如果不是行密用言行影响着自己，自己还是那个爱惹事的愣头青，甚至混成二流子烂鬼，也是极有可能的。这些年所发生的事，点点滴滴，零零碎碎，都是行密用他坦诚而善意的言行，默默地在为身边的人做着无意的示范。想着这些，便觉得行密这位瘦弱的出家人，在自己心中一下子变得异常高大！今天不表达一下出自肺腑的感激和谢意，于情于理都说不过去。

"行密师傅，这些年……"老五牯想往下说，却觉得鼻子酸酸的，喉咙也有些发硬："这些年……您身体不好，一个人忙里忙外，太累了！您……您应该考虑收几个徒弟……"老五牯对自己的言不由衷，无比懊恼！

"阿弥陀佛。有合适的人选我会考虑的。我佛慈悲，无论你今后走到哪里，都会时时刻刻保佑你的！"

"行密师傅！我，我嘴笨，别的就不说了！还是那句话，如果我黄天栋他年有发达之日，定将我的田施舍给庵堂！"

"阿弥陀佛。和尚没什么相送，送你四句话吧！"行密说完，拿过纸笔写道："大益虚怀故，轻狂令智昏。为兵与挂帅，黎庶永心存。"写好后还将四句话的大意，解说了一遍。

老五牯辞别行密下山了，在一个拐弯处，他转过身来，向着庵堂双手合十，注视良久，然后大步离去！

老五牯黄天栋投军后，勇谋并俱，身经百战，屡立功勋。在军中的职务也不断晋升。康熙十五年，"功名颇遂"的他委托堂弟伟才回乡，履行诺言，向高山庵捐赠"禾田三十把"（约合两亩）。康熙十八年，奉旨勒封一品荣禄大夫镇守江南的黄天栋，又补立了一份施契，托人带回家乡，交给高山庵收存。这是后话。

（本文为虚构短篇小说）

【作者简介】

骆辉建，男，1964 年生，寻乌县人。从事医院后勤工作，爱好诗词，江西省诗词学会会员，作品散见于各类诗词刊物。

将军与出家人

陈治忠

　　一个是官至一品位尊权重的将军，一个是隐居一方山林的普通出家人，地位悬殊，偏偏却成为缟纻之交。世界之奇妙，就在于很多事情超出你的想象。

　　出家人法号"行密"，俗姓龚（其名不考），长宁县长举村人；将军姓黄，名榜名，号天栋，也是长宁县长举村人。长举村现有龚、黄、邱、刘等十余姓，黄姓最多，龚姓最早。龚姓自福建迁来，已有八百余年历史，龚培为开基祖，落居于长举圳头，至今繁衍三十七代。黄姓从安远迁来长宁，落居比龚氏迟，但也有六百余年历史。黄氏开基祖为黄才盛，迁来之时，暂居于河对面的窑下湾，后来才迁到围里。

　　龚氏和黄天栋开始交往的时候，将军还不是将军，龚氏已经出家了。明末清初，匪患四起，长宁不宁。也许是为躲避苛捐杂税、土匪侵扰，也许是厌倦俗事繁杂、尘世喧嚣，世代为农的龚氏选择隐居深山，削发为僧。龚氏在长举村西北方向的高崇山建了一所庵堂，称为"高崇山庵堂"，给自己取个法号叫"行密"，人称行密师父、行密大师。高崇山离村子远，是一个很僻静的地方。乾隆十四年（1749）《长宁县志》如此描述："高山庵在县北十里，冈峦逶迤，千松挺立，翠竹吟风，境甚超旷。"今寺内藏一块石碑，上面记载着龚氏出家以及之后重修庵堂的情况："僧行密乃龚氏子，欲于此结茅其中，□□……下十有八载，尝与麋鹿为侣。迨己酉冬，余偕友人黄、刘、龚、汪□□……见其蓬窄难以容众，于是兴念题众重建……"（□为石碑字迹模糊难辨处）己酉年也就是康熙八年（1669）。而在此之前，行密师父已在此处结庐十八年。据此推算，行密师父出家建庵堂大约是顺治八年（1651）。

"黄金白玉非为贵，唯属袈裟披身难。"并不是谁愿意出家谁就可以出家的。据说，首先，出家人必须身体健康，不可以有重大疾病，也不可以有重大残疾；其次，不可以有感情纠葛，更不可以结婚生子，出家人必得孤独终身；最后，还得没有官司和债务缠身。以上条件都符合，才具备出家资格，之后还要经过考试，获取度牒（僧尼的官方证明文件，上面写着僧尼的本籍、俗名、年龄、所属寺院、师名等。僧尼持有度牒，可以明确出家人身份，可以得到政府的保障，同时还可以免除地税遥役。度牒制度起源于南北朝，兴盛于唐宋，至清朝雍正时止）。只有领取度牒，才成为一个合法的和尚。

出家之人，大抵都是心地善良之辈，行密师父自然也不例外。他之所以鼓励黄天栋这样一个顽劣少年，并与之结成忘年交，皆因仁慈，因仁慈而生怜悯。

黄天栋为长举开基祖黄才盛第十一世孙。此人生来怪异，手指节比别人多一节。别人三节，他四节。异人有异象，这话真有些道理。但少小之黄天栋却没少让父母操心。黄天栋除了读书不精，其他样样精通。上树掏鸟窝，下河捉鱼虾，凡是乡村孩童做过的坏事黄天栋都做过。最让他父母头痛的，是这小子常常惹是生非。今天左邻来告状，明天右舍来诉苦。"顽劣"这个形容词用在少年黄天栋那是十分的贴切。黄天栋的父亲不止一次对别人说，早知道这小子如此顽劣，不如当初就丢进尿桶里溺死。据说有一次，黄父在长举一个土名叫黄泥塘的湖洋田（沼泽田）里匀木桩，黄天栋在下面扶桩。黄父瞅着顽劣的儿子，越瞅越不顺眼，突然一狠心，木槌朝儿子头上狠狠砸过去，所幸儿子偏头躲过。如此数次，惹得儿子火起，一把拔起木桩扔在田里，气冲冲走人。后来黄天栋的父亲逢人就说："抢秀这小子虽然调皮，却也是命硬。"

高崇山庵堂是少年黄天栋最常去的地方。慈眉善目的行密师父与放荡不羁的黄天栋成了忘年交。庵堂生活虽然清苦，但这里没有父亲的呵斥，没有左邻右舍的白眼，寂静的山林，逼仄的寮房，成了少年黄天栋的一方乐土。交往日久，行密师父逐渐了解黄天栋，虽然顽劣，但是本性不恶。忽一日，行密师父拿起黄天栋一只手，展开他的手掌，摩挲他那与众不同的四节手指，轻轻叹一口气，说："异相多为福相。天栋啊，假如你是一只雄鹰，就不该只在低空飞翔；假如你是一块璞玉，就不该埋没于荒山野岭！"

行密师父为身强力壮的黄天栋指明一条路——从军。科举入仕黄天栋是没有指望的，那么行伍之路，又或许是一条出路。自古英雄不恋家，仗剑独行走天涯。如今国家内忧外患，正有英雄用武之地。后来，黄天栋果然听从行密师父的建议，从军去了。

黄天栋没有辜负行密师父的期望。勇猛过人的他征战无数，立下赫赫战功。道光《金门志》载："许盛，字际斯，号武岩，后沙人。康熙三年（1664），自海上率众归诚，授参将衔，屯垦南赣。时三藩蠢动，闽、粤、荆、湖诸寇蹿入江右。赣为数省咽喉，盛率屯丁前后二十余战，解宁都杨家寨、富江等围，复石城、万安、泰和、上犹、龙泉等县，招抚伪将严自明等，斩伪将陈升数人。以功授南赣总兵，晋秩右都督，转左。复剿崖石寨，降其魁朱明，授拖沙喇哈番，予世职。入觐，假归葬亲……"

黄天栋是许盛的得力干将，这些战斗黄天栋都参加过，崖石寨一战，更是让他声名显赫。据光绪二十五年（1899）《长宁县志》卷十二《戎略》载："黄天栋，字抡秀，身体魁梧多力。伪将朱明盘踞崖石寨，天栋夜率壮士缘崖劫其营，斩巡逻者，遂运薪草于贼寨，纵火焚之。贼见火光烛天，拔寨走，天栋率兵蹑之，斩贼无数，贼穷纳款……"

仗越打越多，官越做越大。从兵卒到军官，从小官到大官，至康熙二十年（1681），黄天栋已经是右营游击。乾隆《江南通志》卷一百十一《职官志》"镇守京口等处汉军将军·右营游击"条载："黄天栋，江西人，康熙二十年任。"

黄天栋镇守镇江时，尝与文人笪重光、张玉书等人交往。由此看来黄天栋也不是胸无点墨之人，或许还是一名儒将。少年辍学，成年从武，黄天栋胸中之墨从何而来？这或许还与行密师父有关。游高崇山那段时间，黄天栋除了从行密师父学到了做人的道理，还学了一些文化知识。

黄天栋做了大官，知恩图报，信守当初"予异日若得大志，愿出一施"的诺言，委托堂弟黄伟才回到家乡，将庵门口禾田三十把赠与寺庙。

不久，黄天栋再次高升，至左都督大将军，镇守江南京口，赐一品荣禄大夫。抚今追昔，黄天栋再一次想起行密师父，想到感恩。夫妇商议，决定将原来施给寺庙的田地，立施契一纸付僧，将所赐之田永久赠与。一语以道之，行密师父大肚能容，容下黄天栋这顽劣少年；黄天栋将军知恩图报，捐田产资助恩人。

说起赠田产，还有一个小插曲。康熙五十四年（1715），黄天栋的侄儿在施田碑上添刻自己的名字，其目的是让自己在高崇山庵堂拥有施主的名分，成为山东施主之一，这样的话，就能参与寺产的处分。平添一个山东施主，庵堂方面自然不肯，官司打到县衙。此事有些棘手，几任县太爷都没能处理这桩官司，直到五十七年六月，邵锦江接掌县衙，才做出判决：黄天栋所施田产归高山寺所有，其他人不得相争。

黄天栋征战南北，戎马劳顿，不幸罹患背痈，不治而逝，康熙二十五年（1886）卒于广东任上。将军死后，灵柩运回长宁，葬在县城东面沙子头。行密师父圆寂后，也结塔于本地（僧人圆寂后埋放骨灰的地方称为"塔"。"塔"为印度梵语的译音，本义就是坟墓）。行密师父的塔其实就是一座简单的坟墓，位于福慧寺右侧山坡，小小的坟堆，粗糙的墓碑。墓碑中间竖刻一行字："开山祖圆寂恩师行密上位。"右侧刻"孝徒其徒弟灯焰灯见立"字样，中间还有一行小字："附母老孺人一位。"他的母亲也葬于一处。立碑时间显示为"雍正七年仲冬月"。从坟墓之简陋以及母子葬于一处的情况看，虽有黄天栋捐赠田产做支撑，高山庵堂当时经济也是十分拮据。宗教文化与现实生活息息相关，社会动荡，国弱民贫，温饱尚忧，何及神明？今日之福慧寺，庑殿顶仿木架构的大雄宝殿，巍峨庄严；客堂、法堂、寮房等一应俱全，建筑雄伟，装修精致。其中固然少不了住持释瑞德法师四处化缘之功劳，但与改革开放、政通人和之社会环境也是分不开的。天下稳，百业兴。

过河

陈治忠

　　长居村在清代出了个官至一品的都督，十分了不得。古代官员官阶分九品，一品为最，再往上就是皇帝老儿了。除了这个大人物，还有一个事儿让长居村名闻遐迩，那就是这里的庙会。常宁县大大小小的庙会不下二十个，当数长居的庙会最大型最热闹。人们也许记不清这个村那个村的庙会，但长居的庙会日子一定记得清清楚楚，那是农历的九月二十八日。

　　长居的庙会，每年一次，程式基本固定，就是请五显大帝出巡，赐福与民；请戏班子唱戏，官民同乐；家家户户煎粄子、磨豆腐、迟猪杀鸡宰鸭，盛情款待来自四面八方的亲朋好友。如果说今兮的庙会与往年有什么不同，那就是多请了一位风水先生。这个先生是族长请来的，没有动用家家户户筹集的"会款"。就是说，这位风水先生只是族长自家宴请两桌客人当中的一个。据说这个先生还有点名气，曾经与兴国三寮的杨公一起闯荡江湖。至于先生的名气，村人一致认同，没有任何异议。能上族长的桌，那肯定不是一般的人；至于"与杨公一起闯荡江湖"，有一些反对的声音，说三寮杨公是很久很久以前的人物了，他们怎么可能一起闯荡江湖？应该属于以讹传讹。的确，这个风水先生不过五十出头，中等个头，瘦瘦的。头发半白，胡子全白了。都说"真人不露相"，这个风水先生也是沉默寡言，不爱与人交谈，一副高深莫测的样子，似乎全部的话语都藏在他那寸把长的白花胡子里了。除了不爱说话，这个风水先生还有一个特点：能喝。不是喝酒，是喝茶。上午一拨人在族长家喝茶，这老先生坐在一边，一杯接一杯地喝；下午换一拨人，这老先生还是那个位置，接着喝。真是难以想象，小小的肚子，竟能装下那么多茶水。

庙会的最后一天，这个老先生，绕着"都督第"走一遭，一步一点头，走得缓慢，神情严肃而又凝重。然后又爬上村里那座海拔最高的蜈蚣山，把全村山脉河溪收在眼底。完成这两件事，他风尘仆仆回到庙会，站在祠堂神龛前，面对大伙侃侃说了一段话："500年前，你们长居村出了一个都督，500年后的今天，还会出现一个大人物！"

天色微明，田埂小路上行走着两个人，一个中年，一个少年。这是两父子，父亲送儿子去省城求学。儿子黄兆征，那一年，他十五岁。

常宁县是个不足十万人的小县，教育落后，最高学府就是一所初中。要想上高中，必得去外地。邻县有一所高中，一般人选择就近就读，但黄父不是一般人，他打定主意送儿子去省城读书。这个决定应该与那个风水先生有关，或者说跟风水先生那段话有关。那天风水先生从蜈蚣山下来，就经过黄兆征的家，那时，黄父就坐在大门口的门墩上。黄父起身请风水先生进屋喝茶，风水先生谢绝了。风水先生站在黄家门口东张西望好一会才离开，离开时，含笑看了黄父一眼，黄父觉得这一眼非同寻常。后来又听到风水先生祠堂里说过的那番话，最终让黄父下定决心，送儿子去省城读书！

如果说崇文重教是长居村一以贯之的传统，那么风水先生震聋发聩的一番话，就起了临门一脚的作用。有钱人家自不必说，穷苦人家，省吃俭用借钱借米也要供孩子去读书，去接受最好的教育。谁不望子成龙？谁不希望家里出一个事业有成的人物？

"儿与钟君约定五里亭汇合，你们去时，过骆屋桥更近些。"临出屋，黄兆征的母亲这样叮嘱父子俩。

雨住了，天还阴着。

黄兆征的父亲戴着一顶斗笠，左肩负着一个包裹。黄兆征右手握着一把雨伞，紧紧跟在父亲身后。平日里走路都是蹦蹦跳跳，今日黄兆征走得很稳重。看他那一副老成持重的样子，仿佛一夜之间，就长大了。

初秋时分，草依然绿着，草丛里有一些红色、紫色、黄色的小花。黄色的最多，是野菊花。

远远可以看到骆屋桥了，十多块桥板却看不到一个。

"难道是阴雾弥蒙，看不清楚？"父亲这样唠叨着，一会儿就到了过桥的码头。只见桥柱还在，桥板一块也没有了。河畔草坪，有一个农夫牵着一头牛，笑盈盈对他们说："天公下了大雨，涨起来的河水把桥板一块块冲了去。你们要过河，只能涉水了。"

涨起来的水还没有完全退下。黄父高高挽起裤脚。黄父的小腿被太阳晒得黧黑，大腿却是白皙，黄兆征也高挽裤脚，望着比平时宽了许多的河面，心里有些害怕。

黄父先下水，站稳了，一只手护着肩膀上的包裹，一只手伸过去，把儿子牵下河。河滩的水平日里齐脚踝，现在差不多齐膝盖，湍急的水流像一只强劲的手使劲把人从上往下推。父子俩大手牵小手，小心翼翼横渡河流。近河中心，水势稍平静一些，但水又更深了，浸到黄兆征大腿根部。河水不浑浊，可以看到深水流里鱼儿。脚下的石头又咯脚又滑溜，稍不留神就会打个趔趄，黄兆征几次要滑倒，幸被黄父扶住。

"好了，渡过河了，父亲你回去吧。钟同志在等着，我和他一路相互照应，父亲不必担心。"

"再送一程吧，行至五里亭去。"

黎明的清晨，小路上不见其他行人。 五里亭到了，钟同志已经等候在那里。

"父亲回去吧。您和母亲自己多保重身体。"说完这句话，黄兆征不由心里一酸，眼眶便有些潮湿。黄父站在原地，看着儿子的背影渐渐远去，转过一个山坳，不见了。

黄兆征中学毕业，接着就报考了黄埔军校。军校毕业，抗战全面爆发，他从军参加抗战。1939 年桂南会战时，黄兆征已经是国民革命军第 38 集团军 36 军的一名营长。

昆仑关战役是桂南会战中最辉煌的一次战役，也是中国军队对日军攻坚作战首次取得的重大胜利。昆仑关一战，沉重打击了日军王牌第 5 师团，尤其给予其第 21 旅团以歼灭性打击，极大地鼓舞了中国的民心和士气。当然，这也是惨烈的一场战役。27041 名中国军人献出了宝贵的生命，黄兆征也在其中。第 5 军军长杜聿明中将在巍峨昆仑关上建了一座"抗日阵亡将士纪念碑"，纪念为中华民族的独立自由流尽最后一滴血，长眠在昆仑关上的 27041 名将士的亡灵。

若干年过去了，长居并没有出现都督那样的大官。人们开始怀疑风水先生的本事，怀疑当年族长请了一个假先生，对族长颇有微词。也有人力挺族长，他们认为，人才不在乎官大官小，在于他能不能对国家对民族做出杰出贡献。这些年来，长居出了十几个博士生，还有不少的研究生、大学生，他们就是人才呀！还有那些为国捐躯的英雄们，他们不值得我们骄傲么？

（本文为虚构短篇小说）

紫芝山房的诗歌交游

刘承源

　　黄柏超，江西寻乌人，自号五一居士，人送绰号"黄药师"。本科毕业于江西中医药大学临床医学院五年制中医学专业，硕士毕业于广西中医药大学基础医学院。早年师承武当淮河派第廿三代传人陈传馥老中医学习针灸、推拿，后于姚荷生研究室从姚梅龄先生侍诊一年余。2012年于庐山东林寺中药房义诊半年，得当地名医寒林叟先生亲授脉法、针法。学成后悬壶于羊城白云山下三载余。作为科班出身的中医师，只需按部就班，不难发家致富。然而黄柏超却无心经营产业，拳拳于挖掘和推广中医药技术和文化。尝从广州民间草医卢药王、赣州草医林师傅、会昌名医张伟青老师、广西中医药大学药学院滕建北教授诸前辈，爬山采药，拜访同道，走遍粤、赣、桂、滇、黔、闽、浙、湘各地，搜罗考察各地民间验方偏方。乃至应法国留尼旺孔子学院邀请，前往留尼旺岛举办中医药文化交流讲座，进行热带原始森林植物药考察及义诊。屐迹所至，四海遍达，悬壶济世，惠人无数，于是自号五一居士。何谓五一？一颗心，一双手，一根针，一把草，一炉丹是也。此固仁人君子之为，奈何囊橐常空，其不计利益者如此。

柏超亲近释教，所交多奇人异士，凡琴棋书画、诗词歌赋，若有所擅长者，必引为知己。近年乃倾其所有，筑室于赣州峰山铜锣谷，题曰"紫芝山房"，以款天下奇士。峰山，旧名崆峒，为虔州八景之"宝盖朝云"所在，宋包拯、苏轼皆尝游其地。柏超既隐，奇人异士慕名而来者络绎不绝，有杏林孟尝之誉。又以中医药学授赣上少年，从者如云。

紫芝山房外景

黄柏超是凌天明博士的朋友，凌天明《赣州送别黄柏超医生》诗云："市灯历落强撑宵，此去南山北水遥。肯服灵丹先二粒，从教万虑坐中销。"《广州赠别黄药师》诗云："又送吾兄负药还，春风吹绿白云山。十年心事知何似，明月清晖水一湾。"《过梧风寺忆紫芝山房主人》诗云："万古崆峒山上月，须臾章贡水边云。

我今重过梧风寺,持偈无言倍忆君。"《庚子岁暮怀黄药师》诗云:
"京粤频年梦一场,布衣不散药丸香。峰山岂信能真隐,用则行
之舍则藏。"《丁酉岁杪谒福慧寺与黄药师》诗云:"残腊脱雪气,
草树留晴痕。白天云罅密,翔翔鸟影昏。山路蜿蜒出,摇晃车飙尘。
谒寺客迹稀,华殿正闭门。重来瞻圣像,佛号摄吟魂。炉香何澹
极,养我肺腑春。庭梅粘疏花,映眼红可扪。独坐斜阳外,肯忘
百愁身。"《夜宿宝石寺不寐次黄山谷韵兼呈黄药师》诗云:"月
出窥不寐,起坐石凳寒。岂无养生虑,从心且鲵桓。万山虫鸣绝,
谡谡听风竿。玉露滋肝肺,如服药师丸。排愁腹正空,明朝思僧
餐。列桌茶盏冷,瓶花喜未干。天地两清影,玄思渺云端。谁会
幽人意,得句胜好官。"这些诗作都体现了二人亲密的交游往来。

黄柏超医师

笔者无才,非奇人异士,亦不擅诗。与黄药师初识,为相约
游福慧寺,时在 2016 年 2 月 20 日。其时我已应广东人民出版社

之聘，将入粤参与世界客家文库编辑工作，故以俚句纪之云："人事多兴废，丛林今又新。晨钟惊凤鸟，暮鼓动麒麟。城市功名假，山中道理真。临行长郁郁，我去武陵春。"是岁末自穗返乡，1月15日，柏超驾车接我同游福慧寺，又纪云："谢客耽山水，颇与慧远亲。徘徊莲寺侧，踯躅虎溪滨。别后虚名著，年来道理贫。还劳降法雨，为我洗红尘。"2018年2月19日，正月初四，与黄柏超、凌天明、古新星诸子重游福慧寺，打油四首，依次云："和尚暌违久，名山隔海隅。相逢叹末法，无外释与儒。""不恨只今异，频惊旷古殊。昏昏谁棒喝，城市是歧途。""脾气沾几许，灵根一点无。我为身世困，治学作清娱。""难庇生灵劫，终怜民庶愚。生公如有意，弘法到凡夫。"2020年11月，得柏超兄之助，编纂《百年长举》。15日，向柏超及瑞德法师问明道路，遂与陈治忠、骆辉建等同探观音庵遗址，亦有打油诗纪之云："神迹何冥晦，兴来斩棘寻。石溪行愈浅，古木入更深。竹韵藏禅意，松涛带梵心。可怜存断碣，无处觅祇林。"2021年1月29日，在微信朋友圈见赣上刘秀娟女史晒百草缘照片，因怀紫芝山房主人，诗云："野人轻齿录，爱结百草缘。兴至随风舞，狂来共月眠。挥弦傍白鹿，长啸跨青鸾。回首红尘地，人间九点烟。"

柏超兄交游甚广，我隅居寻乌山城，沉湎故纸堆中，所知甚少。今日撰写《紫芝山房的诗歌交游》一文，是希望柏超兄注意保存友人题赠，将来能像清代会昌赖氏霞绮园编纂《友声集》那样，编纂《紫芝山房诗集》。

诗三首

凌天明

重过福慧寺

风幡不动闭禅门，古寺名花雨后尊。

汲得春泉煮清茗，鹧鸪声里又黄昏。

新正游福慧寺二首

其一

入梦幽香渐已赊，春思依旧莽无涯。

此身结习除难尽，更怕东风吹落花。

其二

山鸟空啼春昼长，佛前红雨杂炉香。

我来顶礼无言说，十万空花梦一场。

【作者简介】

凌天明，字勉之，号明恕斋，寻乌大墩人氏，少从赖竹林先生学诗，中山大学博士研究生毕业，中国诗词协会会员，曾获江西"十大青年诗人"称号。

高山福慧寺（组诗）

胡丹芳

游福慧寺步吴之章《入观音山》韵

一寺郊边隐，高朋约我寻。

尘嚣随市远，禅意入山深。

窥忘雨晴路，闲安落寞心。

缘来近佛气，六欲出经林。

游福慧寺步吴之章《观音山晚步》韵

向晚溪云处，幽香接几支。

径通古寺曲，叶隐暮虫迟。

山外俗风蔽，经中净念随。

性空当自悟，纷扰莫颦眉。

佛前三首

一

深拜堂前半合眸，焚香祷告复何求。

高峰壁立通禅意，苦海扑腾卷世忧。

费力常捞水底月，付情更垒个中愁。

修行岂独大乘殿，身浴尘沙志任蹂。

二

秋叶飘零半世浮，山枯水瘦月应留。

心游物外清真地，身陷人间执念囚。

亦假亦真梦独悟，无常无我性双修。

看它花落乘空去，抖尽凡尘天地悠。

三

混沌心期此入幽，闲容淡淡气不浮。

迷津怎渡迷津外，风景难逃风景眸。

缘起应如云出岫，性空恰似水漂舟。

尘埃莫染心中事，宠辱去留未作愁。

【作者简介】

胡丹芳，笔名勺水取其净，赣南诗词楹联学会会员，寻乌县诗词楹联学会副会长，作品偶有发表。

都督第（组诗）

刘华辉

外面的围墙已被拆
中间的才盛公祠孤单得如一颗心脏
瓦每碎一片，脉搏就跳动一次

故事静止在门口的练武石上
"奉旨诰命一品夫人"
两块官府牌，像两枚来自清朝的印章
刻着祖辈守望的念想

马蹄河来的风，吹走了炊烟
以及散落在小巷细弄上的一茬茬童谣

村庄散了，宗祠必须保留下去
至少还有个地方
老祖宗能抚摸祭祀者的额头
并叫一叫乳名

在福慧寺的絮语

想找个有石壁的地方
心有些潦草。让目光追随鸟飞的痕迹

院内满地都是遗漏的慢时光
台阶光影斑驳。花瓣依旧在风中
踱着小步，虽已十一月末

两人在香亭前絮语，不敢
惊扰寺院的法事
不同的领域，交叉相同的话题

画面将静止成一张泛黄的草纸
当然，刻骨铭心的那瞬间
才会住上一双会流泪的眼睛

慢时光

风糙得像满是老茧的手
拍睡了长举巷子。与祠堂并不算远

踩在牛蹄与时光磨圆的鹅卵石上
钟摆就慢了下来
光线从木门中溢出，再落入柴堆的缝隙中
一大串红辣椒晒成干瘪状
表皮呈现油腻的光泽

我在构思炊烟
又把目光移向瓦上霜般稀薄的竹影

摆了个茶摊子
有人在喝茶，也有人挑一担花生从旁边经过

大风吹过福慧寺（组诗）

钟 琼

季节的消息从山顶吹来。寺院里
三角梅爬上栏杆张望，朝游人的方向
吐出点点馨红

福慧寺站在山的眉间
用青烟串起晨钟、木鱼、转经筒的经文
以水墨画里的一朵莲
诠释淡泊的心态

人们带着心事朝它靠近，在沉默的空隙中
点燃烛火；在呼吸里种下幽香
台阶上碎去的脚步，轻轻
飘在他们身后

地藏大慈尊

当时光奔流成河
山色空蒙草色新。马蹄河边
飞过洁白的影子
道路挥动长袖，在一片未知的宽阔中奔跑
伸向长桥、高楼、公园、博物馆……
跃过记忆中的芦苇丛

像割庄稼一样
很多老房子和往事被收割
岸滩新出芽的湿地，悄悄亲吻河床的伤痕
一些石头被重新命名
一些鱼儿已重新安家
有多少流水可以住进人的心里
皱巴巴的炊烟，朝天空
吐出几朵云

长举村采风

故事将老人们围拢
透过密集的白发、讨论声及二手烟
我的笔显得太过短小

有些无奈和隐痛被潜藏在骨缝中
比如老去、拆迁；比如割舍一段乡愁
一座村庄的春生夏长
在族谱、祠堂、五显大帝庙留下脉络

我靠着某座搁荒待建的废墟
想用文字感受过去的余温
攀升的高楼夹缝
刮来一阵沧桑的风

变形记

在长举，清风是一匹马

见证了村庄的蜕变

面对挖机，老房子一再失重

变得像纸一样薄

在设计师和工人眼里

它必须从另一张纸里走出

它就这样拉着我的手

骑马过骏岭

成为朝霞和月光的一部分

【作者简介】

钟琼，1988 年生，江西寻乌人，笔名香草、陌尘，赣州市作家协会会员，有诗歌、散文等作品发表于《中国纪检监察报》副刊、《中华诗词》、《河南科技报》等数十种纸刊。

长举村嵌名联

陈裕辉

横批：继往开来

长风万里拓千年，怀松若之韵，思行密之德，学天栋之强，同挑当下转型重任

举措千方凝万众，纳观音之祥，创福慧之功，添霞光之彩，共建城边特色名村

【作者简介】

　　陈裕辉，笔名一飞，1972年8月生，江西寻乌人，自由职业者。江西省楹联学会会员，寻乌县诗词楹联学会秘书长，南桥诗社社长。

寻乌民间文学选辑

刘承源　采集整理

　　民间文学是指由民众创作在民间传播的语言文学艺术，包括神话、传说、故事、歌谣、戏剧、曲艺、谚语、谜语等。本人趁尚未年老，将还记得的一部分整理出来，如果能起到抛砖引玉效果，就十分欣慰了。

一、儿歌五则

（一）老鼠子

　　老鼠子，唧唧唧。叫嘛介，叫锁匙。叫到锁匙做嘛介，开箱子。开开箱子做嘛介，拿刀子。拿到刀子做嘛介，斫竹子。斫到竹子做嘛介，破篾子。破到篾子做嘛介，织篓子。织到篓子做嘛介，摘黄栀子。摘到黄栀子来做嘛介，染衫子。染到衫子做嘛介，嫁老妹。老妹嫁到哪，嫁到牛栏下。

　　（据兴国网友言，兴国版末句作："老妹嫁到哪，嫁到菜园坝。菜园坝，有田又有蔗。"）

（二）烂眼沿

烂眼沿，学弹棉。棉线断，学出砖。砖会缺，学打铁。铁会
爎，学□猪。猪会叫，学扛轿。轿会翘，学打鸟。鸟会走，学蒸酒。
酒会酸，学做官。做官勿会话，勿当做叫花。叫花懒挎筒，就去
学钉砻。钉砻勿会破竹，屙堆尿子溺死渠。

（眼沿，即眼睑。沿，寻乌方言读如弦。爎，在寻乌方言中
为烫炮烙之意。）

（三）月光光

月光光，秀才郎。骑白马，过莲塘。莲塘背，种韭菜。韭菜
花，结亲家。亲家门口一丘塘，放介鲤嫲八尺长。鲤嫲肚，做学
堂，掌牛赖子读文章。读得文章牛又走，一走走到伯公坳。伯公
喊俺跌圣筊，跌介圣筊圣圣阳，伯公喊俺讨妇娘。讨介妇娘高天
天，煮介饭子臭火烟。讨介妇娘矮召召，煮介饭子香勃勃。

（鲤嫲：鲤鱼。掌牛：放牛。赖子：儿子。筊：卜卦所用筊子，
正为阳，背为阴。若二者皆阴为阴筊，二者皆阳为笑筊，皆不吉。
一阴一阳为圣筊，吉。召：本指器物底部，借指长得矮。）

（四）砻谷

砻谷，蹊侪。踏板，供奶。奶奶饭甎转，打烂一叠碗。汝做
沿，俺做召，召子煮猪肉。煮介猪肉喷喷香，拿畀老妹食。

（蹊侪：象声词。供：饲养、赡养。）

（五）做人媳妇真受亏

扬叶子，遮檐飞，做人媳妇真受亏。食了多少洗碗水，着了
多少烂布穗。

禾鹎子，葵累葵，做人媳妇愈受亏。盘头菜碗勿敢挟，臭风擦菜尽命推。

（第二首为网友提供。扬叶子：蝴蝶。遮：方言，为沿着、顺着之意。媳妇：儿媳。臭风擦菜：变质的芥菜干。推：方言，狂吃之貌。）

二、山歌十九首

月光出世系奔波，团圆过少缺过多。十五十六光几夜，二十七八打暗摸。

日头锃眼看勿真，勿知对面系嘛人。有情阿妹转来嬲，毛情阿妹亹项身。（锃：指眼睛被强光照耀。嬲：指没有正事，闲坐、闲聊、游玩。亹：不要之意。）

风吹竹叶片片青，妹爱连郎赶年轻。再过两年花会谢，爷娘兄弟都会嫌。

新买茶杯四面花，好杯勿装隔夜茶。好马勿食茶头草，好妹勿嫁老人家。（茶：指花草萎靡不振或人疲倦没有精神。）

勿怕死来勿怕生，勿怕老公砍脚踭。砍了脚踭有脚趾，两人有命还爱行。

竹篙打水两边开，问妹去哩哪久来。三箩膨谷丢落海，样得团圆做一堆。（膨谷：秕谷。）

阿哥底边妹介边，隔山隔水勿得前。丝线探桥勿敢过，妹系敢过哥敢连。（底：此，这。）

阿妹生来样恁靓，日里转红夜转青。日里转介桃花色，夜里转介竹叶青。（样：怎样，为何。恁：如此，这般。）

阿妹生来系恁靓，后尾梳来搭衫领。阿哥看见心火起，生理勿做田勿耕。

黄牛过坳角叉叉，十八阿妹懒绩麻。讲倒绩麻心火起，讲倒风流笑脱牙。

新做扇子七寸长，心头发热拨勿凉。岭冈顶上同妹嬲，同妹一嬲心就凉。

日头勿出天勿光，大暑勿过禾勿黄。阿妹今年十七八，样般恁大勿连郎。

食烟要食两筒烟，连妹要连两同年。大俺一岁俺勿嫑，细俺一岁俺勿连。

阿哥出门踏石街，一皮青菜爱钱买。手捡菜秧无地种，老妹有园借畀俺。（爱：要。畀：给，与。有园：谐音有缘。）

新做大屋四四方，拣好时日来上梁。三进四横都做好，问妹爱廊勿嫑廊。（廊：谐音郎。勿嫑：要不要。）

盘子种菜园分浅，扁柴烧火炭难圆。哑子食着单只筷，心想成双口难言。（园分：谐音缘分。）

怎久毛到底条坑，鸟子毛叫妹毛声。鸟子毛叫出哩薮，老妹毛声出哩坑。（薮：指巢穴。）

鸦鹊落田喙蜑公，哪知喙到蜈蚣虫。早知侬系怎多脚，话到舌脱俺勿同。（喙：啄。蜑：蚯蚓。侬：你。同：指发生关系。）

戴哩笠嫲嫑擎遮，连哩阿哥嫑连他。一壶难装两样酒，一树难开两样花。（擎遮：打伞。）

三、新屋转火口彩一则

人财两盛，百子千孙。脚踏楼梯垎，步步高升。金银财宝淼淼来，代代子孙状元才。状元进屋，子孙有福。高高兴兴，人财两盛。食鱼食肉，全家有福。今年进横财，明年发大财。花边银子车载来，大箱大柜装满来。天上跌下大财宝，子子孙孙挨到来。新团灶头四四方，代代子孙状元郎。新团灶头四只角，代代子孙找工作。下镬一碌，煮鱼煮肉。上镬一碌，子孙有福。

（此则为谢秋华根据网传晨光镇金龙村老人尹如玉祝彩视频整理。）

四、神话故事一则

猪毛糟

在先，有个仙人口渴，去一户人家讨水喝。那家人很穷，靠卖蒸酒过日子，但人却很好，拿出水酒给仙人喝。仙人心里感动，就向主家要了一颗酒饼子，念着口诀丢进水井里，对主人说："以后你只要把水挑回来就会变成酒，别人去打井水还是水。"主人不太相信，试着去打了一担回来，水勺舀来一尝，果然是酒，心知遇到了神仙，要去拜谢时，神仙已经不见了。此后这家人就富了起来，富起来后，野心也更大了。过了一年，神仙再次路过，见到主人便问日子是不是好了，主人感谢神仙后，说："好是好了，只是以前用米谷蒸酒，有酒糟供猪，现在井水变酒，就没酒糟供猪了。"神仙听出主人的不满意，叹了一声，说："天高地高，人心又更高。井水化成酒，还嫌猪毛糟。"说完就不见了，而主家再去井里打水，再也不会变成酒了。

五、笑话一则（用土语记录）

行天理

在先，有兄弟俩姓刘，老弟会行地理，一家人食好着倩，阿哥只晓得耕田，食也毛好食，着也毛好着，十分苦闷，总想有毛办法来改变。有一工，有人来寻老弟看风水，但老弟一家人毛在家，阿哥听人喊"刘先生"就接出门，问来客有嘛介事。渠就话："主家喊俺来请刘先生看风水。"阿哥捷捷就话："俺就系，俺就系。"但阿哥耕田人家毛罗庚，就到粪寮寻到一只烂尿桶，拆出桶底用红布包稳，就介样跟客人出门。

阿哥紧走紧想，自家勿懂风水会被人识破，哪子正好。快到主家村口时，阿哥打个设谎，话渠想屙屎，喊客人先走。等到客人走哩，阿哥就到村肚探听主家情况。见到一只老人家就问："侬村项介只税赋佬，听讲渠屋家运气十分好，有冇介事？"老人家就话："话勿好又好，话好又勿好。家财万贯，供出一只赖子系噩佬，讨介媳妇契哥都紧捞。"边项一只细人子插话："畜介猪嬷作渠孙子介卵子都咬了哩。"阿哥听到心中笃定，就去寻主家。

主家见先生来到，十分客气，又奉烟又敬茶，又端米果又炖蛋包子。食点心前，阿哥将红布包稳介尿桶底放在桌棚下，主家介噩子伸手去摸，一摸就对渠阿爸讲："阿爸阿爸，底只先生介罗盘勿同介。"主家喝渠赖子："勿好恁毛规矩，侬晓得嘛介？"噩子勿服，就话："以前先生介罗盘俺都摸过，全都毛贯，就底只先生介罗盘有贯。"阿哥急甚冷汗排排出，好在主家勿搭渠赖子。

茶烟都过足哩，阿哥喊主家端楼垱到天井来。主家问话嘛介意思，阿哥就讲："天文地理，天文地理，天文太过地理，俺看风水主要系看天文。"其实系阿哥怕介尿桶底界人看到。阿哥爬上屋栋假装看了一下，下来就对主家讲风水勿好。主家问嘛介道理，阿哥就话："左砂长，右砂短，畜介猪嬷咬盒卵。后龙岗上笔笔直，讨介媳妇会偷食。"主家听了十分佩服，连话先生系明师。又请渠正风水，阿哥话只要将院内功名石移出，种上花树就会转风水。主家问嘛介时候动工最好，阿哥信口说："己今就系吉时吉日，己今动工还会发大财。"主家急忙喊来工人动工，阿哥知自家一窍不通，怕露马脚，就话俺毛闲爱早点归，主家拿了一筒花边送渠归。阿哥见一下子赚到恁多，就十分欢喜归屋家去也。

阿哥走毛一半路，听到后背有人喊："刘先生，等到来，等到来。"阿哥心惊："恁快就露马脚哩？"就钻进棘蓬屏稳来。介只人见到，就喊先生出来。阿哥勿奈何，就钻出来，话："俺屏稳来屙屎。"介只人就讲："先生一走，俺主家在功名石底下挖出一窖银，主家话先生恁明，就喊俺再送两筒花边畀侬。"阿哥一下子得来三筒花边，日子就紧来紧好。在先介人讲，主家有福先生正有禄，底句话系有道理。

附录一　长举村文献摘录

刘承源　整理

安远龚氏重修旧谱序

尝谓故家右族之有谱，犹国之有史。国非史无以纪兴替传后世，家非谱何以考系脉垂后裔，事虽异而理则不殊。

是岁余为薄务适省，寓于石亭寺。倏有邻邑安远二庠友，赴场事毕，嬉游余居停处，偶而会晤。询其姓名，则以龚对，讳曰友曰贤，旻先号思齐奇捷，盖叔侄是也，相见不胜蔼怡。来晨命阶走币于余，余辞相愧，不啼再三，因而愧受以慰雅爱。越数日，竹林告别，赧然菲情莫至，竞与知己分袂，不令大方者窃笑耶。于是相携于庭，少叙片响，促膝谈心，既白不知因究其族属，把臂相向曰："子族派衍远炽传，分徙多处，世系虽未混乱，迄今数百年陈章贶，近代莫稽，考之事实，烦先辈高明展挥，贱族重修谱序是幸。"

余详问其流源，彼详述其脉络、世代、勋业、人物、品行。始知厥祖源图本，自历唐虞夏商，至周成王时有熊绎，盖其苗裔也。勤劳有功，封之于楚，授以子男之田，赐姓芊氏，居丹阳（在南郡）。后楚怀王六年，使楚国公昭阳伐魏，破襄陵，得其七邑。嗣后子孙繁盛，因其封之地为氏，有以江陵为郡者，有以武陵为郡者。龚氏之先公遂以武陵为郡，不复曰芊氏孙而曰龚氏子，龚之为氏由自来矣。迨汉时之遂振渤海，胜守不辱。晋咸和之都督护曰登，宋开宝之总元帅曰澄枢，宋元符之殿中御史曰夬盛，孰非名臣大宦？济济茂著，世世相传，并咸不朽。溯其昔之枝蔓，唐天佑丙寅谢位，继后梁兵戈扰攘，诸父子兄弟，星散居多。而迁于闽传数世，宋绍兴后至培公，生光泽牛田，而迁于安邑兴让里。嗣胤大衍，递传九世，继而福缘、福善、福庆诞焉。其兄弟三人另择仁里之乡，逢石立居，俱以石为止，三公翁之谋虑深而为子孙计若是其远且大也。然书香奕世，维传文物衣冠，可谓巨族。

盖事之不能备知者所不敢传纂增益，恐其杭阢诪张而不近于实也。窃名曰谱系系谱者，联络尊卑昭穆也。环现所制不足以合名言，所著不足以声耀于望族，聊附姓名于友生之谱，余可谓厚幸。便奕世以传，而展阅之间，井然可验，判然可考。上不失千百载之统绪，下也不失千载百之继承。世世子孙仰思祖德，敬阅宗源，愈加善继，弥勤善述，对青灯而披黄卷，负道学而奋科第，移孝事君，推仁济物，不负竹林、克振之深意，亦足以征余言之不谬耳。谈笑之间，谨录之为序。

任琼州知府桃江王京撰

（录自《武陵堂龚氏族谱》1996年版第8—9页）

【作者简介】

王京，字宗周，信丰人，明成化五年（1469）己丑科进士，历任刑部主事、郎中，弘治间任绥德知州，卒于琼州知府任上。

黄天栋公像赞

美哉伦翁，丰颐皓质，雅度冲容。经济则赤松黄石，丰神则霁月光风。于诗美元戎之绩，在易称长子之功。生前鸿业，没世高踪。仪表非常，依稀羊叔子缓带轻裘之度；襟期迈众，不愧李鸦儿骁勇善战之雄。干城著誉，荣禄褒封。庆流孙子，名耀鼎钟。丹青一笔，俨然化工。光今瞻先生之遗像于鲛绡之内，仿佛仰先生之风范于虎帐之中。

时康熙丙寅年孟秋月之吉，弟笪重光拜题赞

（录自民国九年黄氏抄谱）

【作者简介】

笪重光（1623—1692），字在辛，号君宜，又号蟾光、逸叟、江上外史、郁冈扫叶道人，顺治九年（1652）进士，官御史。江苏丹徒句容东荆人，清朝著名书画家。

敕封一品夫人黄母李谢太夫人像赞

繄维夫人，赋质坤贞。姆教有素，内则早成。其为德也，孝慈庄敬。其为容也，玉润珠明。钟之礼郝之法，靡不淑乎其性。林下风闺中秀，罔不备诸其身。顺相夫子，教裕后昆。天报其善，叠沐国恩。玙琮琼佩，象服德馨。仪型足式，工肖丹青。以实为幻，因幻得真。良哉顾陆，曲写其神。寿跻期颐，繄维夫人。

时康熙丙寅年孟秋之吉，经筵讲官礼部左侍郎兼内阁学士加一级张玉书拜题赞

【作者简介】

张玉书（1642—1711），字素存，号润甫，江苏镇江人。顺治十八年（1661）进士。精春秋三传，深邃于史学。历任翰林院编修、国子监司业、侍讲学士，累官至文华殿大学士兼吏部尚书。清圣祖康熙五十年（1716）五月十八日卒于热河，谥号文贞。

高山庵碑文

《太上篇》云，积善有余。邑北五里名曰长举，有天栋黄公素行善念，常游高山观峰玩景，时与僧行密谈论："予异日若得大志，愿出一施。"于康熙十五年功名颇遂，命堂弟伟才回乡，至山勒石，将庵门口禾田叁拾巴，土名上塘，载米贰合四勺正，

永为常住，供佛及僧。于康熙十八年，奉旨敕封栋公荣禄大夫，镇守江南。在任闲暇，忽思昔年与僧谈叙，果应其言，以是夫妇将原施之田，立施契一纸付僧。历管三十余载，忽有栋公之侄，于五十四年公施之田，侄早有忿，刻石添名。栋公之孙文铎兄弟一知，骇异奔控，道宪章蒙批府主黄，转批县主邵。奇逢邵公包郭复生，镜审详宪："此田实系栋公夫妇所施，僧有割粮印契可据。应令僧林材划去后添余名，仍镌栋公谢氏夫人碑记。"伏愿栋公子孙奕世昌盛，福禄绵远。是为序。

　　见证人黄上镇、黄瑞霖、黄寅初录书

　　男黄上琉、孙文铎、文钧重立

　　皇清康熙五十九年孟秋月吉旦

　　　　（录自雍正十一年高山庵残碑，参考民国九年黄氏抄谱）

观音山晚步

吴之章

夕照收松径，枯筇独自支。

暗泉穿石厉，幽鸟入山迟。

犬吠樵人过，僧归犊子随。

苍茫回野步，岚气湿须眉。

　　　　（录自光绪十六年刊《长宁县志》卷三《寺庵志》）

入观音山

久别招提境，乘闲一再寻。

路穿空翠湿，杖拨乱云深。

不作山中客，焉知世外心。

去来皆任兴，三宿出双林。

（录自光绪六年文谦堂刊《泛梗集》卷四）

【作者简介】

吴之章（1661—1738），字松若，号槎叟，长宁县篁乡堡（今寻乌县晨光镇）人。其父吴孔兴为县学生，三藩之乱时为江西巡抚白色纯幕僚。吴之章自幼聪颖，博学多才，年轻时以诗古文词及书画闻名于赣州及周边地区。但科场不顺，三十七岁时始补为县学生。康熙四十四年（1705）至康熙五十四年（1715），吴之章为兴国知县张尚瑗幕僚。康熙五十年（1711）参修《赣州府志》。康熙五十四年（1715），充龙南县知县徐上幕僚。康熙五十五年，选定《唐诗排律选注》。雍正十二年（1734），府县推荐吴之章参加博学鸿词科，至省会后淘汰。乾隆三年（1738），吴之章卒于家。生前纂有《长宁县志》若干卷，为乾隆十三年（1748）知县沈涛主修县志所继承。

前清南坰大将军江南左都督黄公天栋像赞并序

黄公讳榜名，字抡秀，天栋其号也。生有异相，十指比常人均多一节，力大如虎。康熙初，率乡勇平伪将朱明，以功授江南京口副将，调任广东水师营副总兵，赏穿黄马褂，诰封荣禄大夫。后升南坰大将军、江南左都督，卒于官。功名事业为寻邬冠，迄今三百年，瞻公遗像，犹足见英雄气概焉。

赞曰：邬水经地，帽山插天。毓钟灵秀，风骨超然。虎头燕颔，口方面圆。挥戈杀贼，所向无前。官封一品，威震八埏。英名赫奕，孰与比肩。仰瞻遗像，如在凌烟。馨香俎豆，亿万斯年。

民国二十八年六月，后学古廷松盥手敬撰

【作者简介】

古廷松，字光礼，号鹿苹，光绪二十九年（1903）癸卯恩科举人，寻邬晨光人。曾任于都龙南两县知事和江西省议员。古鹿苹精通诗词，擅行草，任教龙川时，龙川、河源、惠州等地求书者络绎不绝。

附录二　长举村大事记

王佳京

宋孝宗乾道年间（1165—1173），龚培从福建邵武府光泽县徙居安远县西水乡石溪堡，为圳头龚氏肇基祖。

元末明初，刘正文从瑞金迁入长举村埠子。

明洪武元年（1368），黄才盛由安远迁石溪堡长举村。

洪武二年（1369）己酉岁，圳头龚朝贵出资兴建观音庵，供奉观音菩萨。

永乐年间（1403—1424），圳头龚宽出贡，后任河南商水知县。

宣德年间（1426—1435），圳头龚敏出贡，后任四川都司断事。

正统年间（1436—1449），圳头龚清以吏员升任巡检，后任福建连城县主簿。

万历三年（1575），圳头龚万仁被选送赣州府学，赏银牌纸笔。

万历四年（1576）三月初二日，割安远县东南十五堡设立长宁县，县城筑于石溪堡马堤冈，距长举村南十里。设县后，撤销县城周边的石溪、劳田、石痕三堡，改为东南西北四厢，长举村隶属北厢。

明崇祯年间（1628—1644），长举村信众兴建霞光古庙。

清顺治九年（1652），圳头龚氏子弟行密和尚在高崇山结茅修行。

康熙元年（1662），侯南弼、侯元臣兄弟从留车迁入长举村。

康熙八年（1669）冬，长举龚氏、黄氏、刘氏、汪氏在行密和尚结茅处兴建高山庵。

康熙十年（1671），长举村黄冲廻遴选为岁贡。

康熙十五年（1676），"功名颇遂"的黄天栋派堂弟伟才回乡施舍禾田三十把与高山庵，并勒石。

康熙十八年（1679）七月，时任南赣总兵许盛麾下将官的黄天栋，率部围剿兴国崖石寨朱明叛军。黄天栋夜率壮士从悬崖攀缘而上，袭杀哨兵，火烧军营，朱部从梦中惊醒，慌忙弃寨而逃。黄天栋率兵追杀，斩敌无数，朱明走投无路，只好投降。

康熙二十年（1681）至康熙二十五年（1686），黄天栋任江南京口（江苏镇江）镇标右营游击，尽忠职守，卒于任上。

康熙四十三年（1704）甲申岁，圳头龚氏用朝贵公公尝款大修观音庵。

雍正年间（1723—1735），曹愈隆由本县田背迁入矮塘。

雍正十一年（1733）癸丑岁冬月，长举村信众捐资重建高山庵并塑像。

乾隆元年(1736)，邱上嵩之孙邱禹元从南厢图合村迁入圳头。

乾隆二十四年（1759）己卯岁冬月，圳头龚氏参修之《安邑龚氏三修族谱》告成。

乾隆五十年（1785）前后，谢仲灵（字窗吟）从南厢黄坳村东秀围迁入鸭子墩。

乾隆五十五年（1790），骆氏从城南骆家庄迁入长举骆屋，约传八世。

嘉庆二年（1797）丁巳岁夏月，圳头龚氏参修之《安邑龚氏四修族谱》告成。

咸丰三年（1853）癸丑岁春月，圳头龚氏参修之《安邑龚氏五修族谱》告成。

咸丰四年（1854）闰七月初十日，粤匪谢其祥纠党二千人扎长举等处，至城外连日伺机攻城。城中戒严六昼夜，绅民竭力防堵。十五夜，赣州兵至，贼侦知，引退。

光绪二十六年（1900）庚子岁冬月，圳头龚氏参修之《安邑龚氏六修族谱》告成。

光绪三十四年（1908）十二月，清廷颁布《城镇乡地方自治章程》，在全国推行地方自治。次年初，长宁县改四厢十二堡为七区，合东南西北四厢为城区石溪堡，长举村隶属石溪堡。

1914年1月30日，长宁县改名寻邬县，长举村隶属如故。

同年，圳头龚氏福缘、福善、福庆三大房后裔共建龚氏宗祠于圳头。

1915年11月25日，孙中山签署委任令，任命长举村黄炳麟为中华革命党江西长宁分部部长。

1916年8月，黄炳麟任广东始兴县知事，两个月后被省长朱庆澜以勒索扰民之罪免职。

1922 年，石溪堡改名为城区，长举村隶属城区。

1926 年 10 月，黄建中（字民坚）考入黄埔陆军军官学校第六期步兵科第一中队。

1927 年 8 月，黄石（字铁如）考入黄埔军校七期炮兵科。后留校任教，晋升至中校兵器教官。

1930 年 5 月，毛泽东在寻邬做社会调查，《寻邬调查》报告涉及长举村黄甲奎、黄甲宾、骆松盛三人。长举村群众拥护苏维埃，不少子弟投身革命队伍，在册可查的有黄澄清、黄森芳、黄荣芳、黄佛佑、黄世光、刘接昌、刘祖森、刘立标、刘德伦、侯宗经、侯宗洪、丘国淋、龚常华 13 人，另有 4 人参加革命后下落不明。

1933 年，城区改名第一区，长举隶属第一区。

1935 年，春月，圳头龚氏参修之《安邑龚氏七修族谱》告成。

1938 年，第一区改名寻邬镇，长举村隶属寻邬镇。

同年 6 月，黄英杰被胡镜如所掌控的寻邬县民众抗敌自卫团推举为县长，将原县长张哲农驱逐。张哲农赴省请命，省政府令宁都行政区调集武装部队进驻弹压。8 月，寻邬县民众抗敌自卫团退入广东兴宁接受粤军收编，黄英杰下台。

1940 年 2 月，国军第 36 军（军长姚纯）某部营长黄兆贞在昆仑关抗日战役中阵亡，葬于桂林。

1941 年，划定离城四里许之长举为新赣南林场，限期栽竣桐油（油桐）两万株。

1944 年 4 月，国军上校团长黄石率部参加豫中会战，在尉氏、鄢陵等地抗击日军，并于战斗中负伤。

1945 年，寻邬镇改名石溪镇，长举隶属如故。

1946 年 12 月，长举刘氏编纂《寻邬埠子刘氏族谱》五卷。

1947 年 5 月，骆荣盛主编《寻邬骆氏三修族谱》二卷。

1950 年初，石溪镇改称城关区，长举称长举乡，隶属城关区。

同年 7 月至 9 月，长举乡进行土地改革试点，包括该乡的长溪、圳头、长举、新寨四个自然村。共计 435 户 1879 人，耕地 2417.6 亩。试点成功后，9 月，全县开始实行土地改革。

1957 年 1 月 7 日，由江西省人民委员会报请国务院批准，寻邬县改作寻乌县，长举隶属如故。

1958 年 9 月，城关区改称城关人民公社，长举村改称长举大队，隶属城关公社。

1964 年，城关公社改称城郊公社，长举隶属之。

1966 年，寻乌县水果林场设在长举大队内，成为寻乌柑橘产业的发源地。

1969 年，长举大队划入寻乌县园艺场。

1983 年 9 月，城郊公社改称文峰公社。

1984 年 4 月，文峰公社改称文峰乡，长举大队改称长举村，隶属文峰乡。

1996 年春，长举黄氏参修《江夏堂黄氏联修族谱》，第六卷有《寻乌才盛公世系》。

1996 年 12 月圳头龚氏参修之《武陵堂龚氏族谱》告成。

1997 年 4 月，长举村改属长宁镇。

2000 年 1 月，长举村改属文峰乡。

2017 年 4 月，由于城市建设需要，长举村实施大规模拆迁，涉及全村 70% 居民，拆迁户以货币形式进行补偿，长举小学并入新建文峰中心小学。

2019 年 4 月，圳头龚氏参修之《江西龚氏统谱》由江西人民出版社出版。

2020 年 6 月，寻乌县民政局发布公示，长举村即将划入彡宁镇。

2020 年末，谢氏合族重修窗吟公宗祠。

后记

陈治忠

  村子前有一条河流，是一道靓丽的风景，更是中国人看重的风水格局，所谓"前有照，后有靠"。长举村各姓氏先民之所以选择在这里定居，或许就是看中村前那条奔流不息的河流，山环水绕的村庄，夏天凉爽宜人，冬季温暖祥和。

  长举村十几姓人，最早迁入的是龚氏，至今八百余年。黄氏次之，也有六百余年的历史。长举村历史久远，整个寻乌县恐无超越者。厚厚的族谱，承载悠久的历史，各姓族谱家规家训各不相同，核心内容大同小异，概而言之就是耕读传家、忠孝廉悌、遵纪守法。家风浸润家族，家风影响社会。长举村人以邻为伴，友好相处，用勤劳的双手共同打造美好家园。

  长举古老山村，人才辈出。旧有为官一任造福一方的河南商水知县龚宽、四川都司断事龚敏；有仁慈博爱的行密和尚；有戎马一生骁勇善战的黄天栋将军；有为推翻黑暗统治英勇献身的黄国林、黄佛佑；有为抵御外辱浴血奋战的黄石、黄兆贞、黄荣发……今则有毕生致力教育事业的原赣南师院院长黄振泉、江西开放大学副校长邱东升；专研和传承中医药文化孜孜不倦的黄柏超；致力于弘扬佛教文化的瑞德法师……

这次长举村历史文化考察，由寻乌县历史文化研究会策划组织。

寻乌县历史文化研究会成立于2017年，是由一群热爱历史文化尤其热爱寻乌历史文化的人士自发组织起来的社团组织。成立以来，研究会为弘扬优秀历史文化传统，发掘、保护和利用历史文化资源为县域经济社会建设服务，促进乡土文献、文物与非物质文化遗产的保护与利用，推进历史文化课题的研究，做了一定的工作，取得了一定的成绩。

这次编撰《百年长举》，得到寻乌县文化广电新闻出版旅游局、长举都督第管理委员会、《文化寻乌》编委会、赣州市客家百草缘紫芝山房工作室、寻乌县厚积堂书画培训中心、寻乌县全球通广告有限公司以及黄柏超、邝子齐、林雨生、钟清、钟琼、胡丹芳、黄世锋、黄朝云、黄朝峰、黄上球、黄志华、黄金龙、黄小平、黄永光、黄金祥、黄生财、黄世福、黄承春、黄启峰、黄忠民、黄红亮、黄丙泉、黄金跃、黄佛传、黄荣浩、黄朝华、黄治平、黄永圣、黄贤峰、黄奎跃、黄承芳、黄承万等人的大力支持，在此表示衷心的感谢！